献给我的父母贾进达先生、董金梅女生

贾林华 ——— 著

A STUDY

ON

HE'OU DISYLLABIC

WORDS

IN

MODERN WRITTEN

CHINESE

研 现代汉语
合偶词
究

社会科学文献出版社
SOCIAL SCIENCES ACADEMIC PRESS (CHINA)

图书在版编目（CIP）数据

现代汉语合偶词研究 / 贾林华著. —— 北京：社会
科学文献出版社，2022.12
　ISBN 978 - 7 - 5228 - 0968 - 7

　Ⅰ.①现… 　Ⅱ.①贾… 　Ⅲ.①现代汉语 - 多音节词 -
研究　Ⅳ.①H146

　中国版本图书馆 CIP 数据核字（2022）第 195847 号

现代汉语合偶词研究

著　　者 / 贾林华

出 版 人 / 王利民
组稿编辑 / 刘　荣
责任编辑 / 单远举　王玉敏
文稿编辑 / 李月明
责任印制 / 王京美

出　　版 / 社会科学文献出版社（010）59367011
　　　　　地址：北京市北三环中路甲 29 号院华龙大厦　邮编：100029
　　　　　网址：www.ssap.com.cn
发　　行 / 社会科学文献出版社（010）59367028
印　　装 / 三河市龙林印务有限公司

规　　格 / 开　本：787mm × 1092mm　1/16
　　　　　印　张：15.25　字　数：197 千字
版　　次 / 2022 年 12 月第 1 版　2022 年 12 月第 1 次印刷
书　　号 / ISBN 978 - 7 - 5228 - 0968 - 7
定　　价 / 99.00 元

读者服务电话：4008918866

序

贾林华博士的《现代汉语合偶词研究》即将付梓，索序于我，自然欣然而允之。

"合偶词"是我在2006年提出的一个概念，指的是一批在汉语书面语体中必须"双 + 双"使用的双音节词。合偶词是韵律、语体共同作用下出现的汉语语法现象。在合偶词的"双 + 双"结构里，双音节模块被重复了一次，从而构成了正式体"首要的和基本的构体单位"（刘丽媛，2022）。合偶词广泛存在于现代汉语书面正式语体中，是书面语节律表达的根底形式。《汉语书面用语初编》收录了第一批合偶词。

我的博士生王永娜、崔四行在她们的博士学位论文里对合偶词均有所涉及。贾林华在2011年考入北京语言大学攻读语言学博士，决定以此为题目展开系统而专门的研究。她于2015年8月顺利完成毕业论文答辩，这本书即是以博士学位论文为基础延展而成。

贾林华的合偶词研究在早期发现的基础上，剔除了像"＊办理证—办理证件—办理身份证"这样的双音节动词可以搭配多音节名词的动宾结构，把研究对象聚焦于像"进行谈话—＊进行谈""概不退还—概不退""关闭严实—＊关闭严""安全飞行—＊安全飞"这样的由谓词音节的单和双所造成的对立，从而把对合偶动因的思考转移到谓词音节的单双对立上。

沿着这个思路，贾林华同学成功地发现并论证了三条合偶动因——"双音节泛时空化语体规则"（规则一）、"双音节韵律形态语体规则"（规则二）、"正式体合偶规则"（规则三），"核心重音规则"（规则四）也可作为辅助性规则解释合偶动因。在四大主要合偶结构里，轻动词述宾合偶结构的主要合偶动因是规则二、四，状中合偶结构的主要合偶动因是规则一，主谓合偶和定中合偶结构的主要合偶动因是规则二。所有的合偶结构都受制于"正式体合偶规则"。

上述分析不但深入揭示了汉语合偶的内在机制，还进一步凸显了汉语合偶的语法本质。述宾、主谓、定中三类合偶结构的合偶是由双音节韵律形态驱动的，双音节在"变性"的同时也实现了"变体"；状中合偶结构的合偶是由双音节泛时空化驱动的，双音节在"变双"后也实现了"变体"。

贾林华博士在 2016 年 1 月毕业后，继续深入挖掘和总结合偶现象，系统梳理了合偶家族的本质和规律，有效证明了韵律语法的有效性和普遍性。《现代汉语合偶词研究》是韵律语法学领域最新研究的可喜成果。她潜心学术，孜孜矻矻，终得其果，对于这种学术志趣和价值坚守，作为她迈进韵律语法学术研究的导师，我也深为感动。诗人杜牧论学曰"学非探其花，要自拔其根"，"根本既深实，柯叶自滋繁"。我相信，以此书的出版为出发点，贾林华一定会触类旁通，更加系统深入地思考和探究汉语韵律、语体和语法之间"三维互动"的现象和规律，在自己的学术道路上走得更加坚实。

是为序。

2022 年 11 月 6 日于北京

目　录

第一章　绪论

第一节　合偶词的定义

我们首先给出研究结论，下文再具体详加论证。

基于管辖关系的合偶词定义：

> 合偶词是指在现代汉语书面正式体中，必须与另一非轻声双音节词 Y^0 搭配使用，且与 Y^0 构成管辖关系的非轻声双音节词 X^0。

合偶词是在韵律语法学理论指引下挖掘出来的一批现代汉语书面正式语体专用词，指的是在现代汉语书面正式体中，"要求与另一个双音节词组成 [2＋2] 韵律组配的双音节词"（冯胜利，2006）。例如下面各例中，双音节动词"进行、加以"必须接双音节动词作宾语，双音节副词"业已、概不"必须修饰双音节动词谓语，双音节形容词"盛大、热烈"必须修饰双音节动词谓语，双音节名词"高度、盛装"必须修饰双音节动词谓语，双音节动词"联袂、火爆"必须修饰双音节动词谓语（下画线者为合偶词，"＊"表示不合法，下文同此，不再赘述）。

a. 双音节动词后须接双音节动词宾语

进行 + 调查 —— * ［进行 + 查］

加以 + 管理 —— * ［加以 + 管］

b. 双音节动词后须接双音节形容词补语

关闭 + 严实 —— * ［关闭 + 严］

清洗 + 干净 —— * ［清洗 + 净］

c. 双音节介词后须接双音节名词宾语

伴随 + 来临 —— * ［伴随 + 来］

随着 + 到来 —— * ［随着 + 来］

d. 双音节副词须修饰双音节动词谓语

业已 + 完毕 —— * ［业已 + 完］

概不 + 退还 —— * ［概不 + 还］

e. 双音节形容词须修饰双音节动词谓语

盛大 + 开启 —— * ［盛大 + 开］

热烈 + 迎接 —— * ［热烈 + 迎］

f. 双音节名词须修饰双音节动词谓语

高度 + 赞扬 —— * ［高度 + 夸］

盛装 + 到来 —— * ［盛装 + 来］

g. 双音节动词须修饰双音节动词谓语

联袂 + 表演 —— * ［联袂 + 演］

火爆 + 售卖 —— * ［火爆 + 卖］

h. 双音节动词谓语要求前面的动词主语为双音节

关爱 + 备至 —— * ［爱 + 备至］

胜利 + 在望 —— * ［胜 + 在望］

i. 双音节形容词谓语要求前面的动词主语为双音节

表演 + 质朴 —— * ［演 + 质朴］

批评 + 允当 —— * ［批 + 允当］

j. 双音节形容词要求后面修饰的动词中心语为双音节

悲壮 + 呐喊— * ［悲壮 + 喊］

伟大 + 改革— * ［伟大 + 改］

　　我们将上述合偶词根据其词性分别称为"合偶动词""合偶副词""合偶形容词""合偶名词"等，将与合偶词搭配使用的另一双音节词称为"合偶对象"；将合偶词所进入的 ［2 + 2］ 句法结构称为"合偶结构"，根据组合不同又可分为"述宾合偶结构""状中合偶结构""主谓合偶结构""定中合偶结构"等小类。在具体判定某一双音节词是否为合偶词时，还须分别从句法、韵律、语体三个方面考虑下列限定条件。

一　判定合偶词的句法条件

　　合偶词受制于下面三个句法条件。

　　（1）合偶词仅在某一句法结构中合偶。比如"进行"只有在述宾结构"进行调查"中才合偶，在"比赛正进行中"这一结构中并不合偶；"盛大"只有在直接作状语修饰动词时如在"盛大开场、盛大闭幕"中才必须合偶，在其他句法结构如"盛大的文化节"中则不合偶。这是合偶词在句法上一个非常重要的限定条件。

　　（2）合偶词和合偶对象都是句法树上的核心词（X^0），不包括核心词的附加成分。从理论上讲，附加成分可以无限扩展，而核心成分则是不可拆分的句法树的末端节点。例如"大受消费者的喜爱"中"大受"只跟其宾语的核心词"喜爱"合偶，宾语的修饰成分如"消费者"不被考虑在内，因此"大受"仍然是合偶词；同理，述宾结构"进行再调查"中，宾语的核心词是"调查"，而非"再调查"。合偶词本身也须是核心词，不附带附加成分。在我们收集到的 1517 个合偶词中，多数为传统意义上的词，如"进行、加以、伴随、随着"；还有 194 个句法词，如"饱经、备知、渐趋、深受"等。这些词虽未被词典收录①，但就一般人的语感而言，在现代汉语书面语句法系统内将它们视同于已收录的词如"饱尝、备至、渐次、深为"等，也不失为一种合理的处理方案。我们认为这些句法词也可以充任核心词。因此，合偶词和合偶对象均须为句法树上的核心成分。

（3）合偶词及其合偶对象在句法树上构成管辖关系（government relations）②，即由核心词及其补足语组成的主从性结构，包括述宾、介宾、述补、状中、定中、主谓等向心结构。这一界定排除了两种结构。一是对偶结构。合偶不是对偶。对偶是一个文学概念，它是指诗歌的上下两句字数相同、词义相反或相近、句法结构相同或相近，"千山鸟飞绝，万径人踪灭"中双音节的"千山"与"万径"分别处于两个时态短语（Tense Phrase，TP）内部，而我们这里讨论的合偶是指形式句法学中句法树的小句 TP 之内。二是黏合式并列结构，即词类相同、语义范畴近似、无连词衔接的［双＋双］并列短语（包含连动结构）。汉语并列结构在理论上是可以无限组合的，例如双音节形容词"美丽"可以与语义上协调的任一双音节形容词组合使用：美丽健康、美丽善良、美丽可爱、美丽温柔……双音节动词"调查"理论上也可以与语义所允许的任一双音节动词搭配使用：调查研究、调查取证、调查统计、调查分析……已有研究表明（Chomsky，1957；Sjoblom，1980；Kayne，1994），表层的并列结构是底层的两个 TP 通过合并（conjunction）和同音删除（identity deletion）形成

---

① 如《现代汉语词典》（第 7 版）收录了"饱尝"，但未收录"饱经、饱受"；收录了"备述、备至"，但未收录"备受、备感、备尝、备知、备遭"；收录了"渐变、渐次"，但未收录"渐感、渐趋、渐臻"。

② 这里的"govern/管辖"遵循 Jamal Ouhalla（2001：191）的定义："α governs β iff：α is an X^0 category, and α c-commands β, and minimality is respected."译文：α 管辖 β，当且仅当 α 是核心词类，且 α 成分统制 β，以及最小条件被遵守。

的。对汉语而言，证据之一是对并列结构加以否定时必须分别进行：

〈1〉 a. 每一个女生都健康美丽。

b. 每一个女生都 * ［不健康美丽］

c. 每一个女生都既不健康，也不美丽。

经过否定的并列成分属于两个小句 TP 组合而成的并列复句，这说明否定以前的底层并列结构也分别属于两个小句。有些动词性并列结构可以进行整体否定，下述两例引自袁毓林（1999）：

〈2〉 a. 他们不调查研究就匆忙地下结论。

b. 教练的意图他们没有贯彻执行。

袁毓林认为这样的并列结构已经词汇化了，在功能上与单个动词类似，因为不能随意调换顺序：* 研究调查、* 执行贯彻。如果是这样，那么这样的词汇化的并列结构就类似于成语，也不是我们的研究对象。对于其他非词汇化的动词并列结构，我们可以对它们分别进行否定：

〈3〉 a. 该厂制定实施了各种考核制度。

b. 该厂没有制定，也没有实施各种考核制度。

对谓词并列结构必须或可以分别加以否定说明，并列结构是两个 TP 联合并经删除形成的，结构内的两个成分并非管辖关系。同样，双音节词重叠后的两个成分也并非管辖关系。因此，我们这里所谈的合偶词不包括并列结构、重叠结构中的双音节词。

图 1-1 表明了合偶结构的两种句法可能性。第一种是合偶

图 1 – 1 基于管辖关系的合偶结构

词居前，合偶对象居后，例如述宾、介宾、动补、状中和定中合偶结构；第二种是合偶词居后，合偶对象在前，例如主谓合偶结构。我们用句法树分别表示为图 1 – 2 和图 1 – 3。

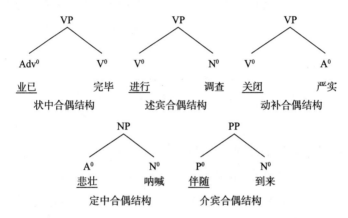

图 1 – 2 合偶结构一：[合偶词 + 合偶对象]

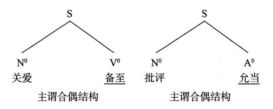

图 1 – 3 合偶结构二：[合偶对象 + 合偶词]

二 判定合偶词的韵律条件

从韵律上讲，合偶词只能跟另一个双音节词合偶使用，不能跟单音节词、三音节词搭配使用。下列五种情况因此被排除。

（1）述宾结构中，有些双音节动词不能接单音节名词宾语，但可以接多音节名词，例如"开垦、办理、种植、阅读"等。吕叔湘（1963）最早指出下列"配单"的述宾结构不能说：

> 开垦荒地—＊开垦地—开垦沼泽地
>
> 办理证件—＊办理证—办理身份证
>
> 种植树木—＊种植树—种植核桃树
>
> 阅读报纸—＊阅读报—阅读电子书

上述述宾结构中的双音节动词被冯胜利（2006）和王永娜（2015：9）皆认定为合偶词，但并不是我们所说的合偶词，因为这些双音节动词只是跟单音节名词搭配受限，理论上跟三音节或多音节的名词性宾语搭配使用并不受限制。这样的词并不是本书所说的合偶词。

（2）状中结构中，有些双音节副词既可以跟双音节谓词搭配使用，也可以跟单音节谓词搭配使用。这种词当然不是合偶词。例如下列同义单双音节副词对比例中，只可以跟单音节谓词搭配使用的副词"日益、屡屡、至为"是合偶词，而相对应的同义双音节副词"越发、常常、特别"既可跟双音节谓词搭配使用，还可跟单音节谓词搭配使用，当然不是合偶词：

合偶词　2＋2　　2＋1　　　**伪合偶词**　2＋2　　　2＋1

日益：日益寒冷—＊日益冷　　越发：越发寒冷—越发冷

屡屡：屡屡命令—＊屡屡令　　常常：常常命令—常常让

至为：至为美丽—＊至为美　　特别：特别美丽—特别美

（3）定中结构中，某些双音节词虽然不能跟单音节词搭配使用，但是可以跟双音节词或多音节词搭配，例如：

伟大人物——＊伟大人——伟大革命者

辉煌城市——＊辉煌城——辉煌北京城

钢铁生产——＊钢生产——玻璃钢生产

粮食收购——＊粮收购——统购粮收购

这也不是我们所说的合偶词。

（4）名动或名形主谓结构中，某些谓词要求主语不能是单音节词，但可以是双音节词或多音节词：

＊花开放——花儿开放——玫瑰花开放

＊毛浓密——毛发浓密——眼睫毛浓密

＊地潮湿——地面潮湿——地板砖潮湿

＊风凛冽——北风凛冽——西北风凛冽

张国宪（1996，2005）讨论了双音节形容词与单双音节名词的搭配限制，但并未提及该类词与多音节名词的搭配情况。这些词也不是我们所谈的合偶词。

（5）不是所有可以进入［2＋2］韵律结构的词都是合偶词。很多［VV＋NN］结构如"毕业学校、闭幕仪式"中的"毕业、闭幕"也可以说"毕业招待会、闭幕演讲词"，因而并不是合偶词。另外，汉语的大量四字格成语是整体上已经词汇化了的类词单位，虽然是典型的［2＋2］韵律组配，但并不是合偶词。

必须指出，本书所指合偶词及其合偶对象，其音节属于音系学所指重音节（stressed syllables）。根据端木三（Duanmu，2007：82）对汉语音节结构的分析，汉语重音节包含两个韵素，因此合偶词的音节结构如图1－4所示。

也就是说，合偶词及合偶对象的音节必须是包含两个韵素的完整音节，同时还须有完整的调型，包含有轻声的音节不纳入本

（O=Onset 音首，R=Rhyme 韵基，σ=syllable 音节，μ=mora 韵素）

图 1-4　合偶词音节结构

书考虑范围，因此，整个音节属于非左重型，与次音节为轻声的左重型双音节相对。后文我们会看到，一个词或音节可否轻读、是不是轻声对其语体属性至关重要，合偶结构 [σσ + σσ] 中的四个音节均为声足调实的重音节。另外，本书暂不分析包含"的"字的合偶结构，这一问题留待日后研究。

三　判定合偶词的语体条件

本书所指的合偶词是现代汉语书面正式体中的双音节词，只有在书面正式体中才合偶。由此可以推知，假如离开正式体环境，出现非合偶是正常的。日常口语体中，存在大量 [2+1] 用例，例如（"?"表示句子的合法性存疑。下同）：

〈4〉 a. 以雅尔塔会议为标志的一个时代 [业已结束]，和平与发展成为当今世界的主流。

　　 b. 以雅尔塔会议为标志的一个时代 [﹡业已完]，和平与发展成为当今世界的主流。

　　 c. ﹡以雅尔塔会议为标志的一个时代 [已经完] 了，和平与发展成为当今世界的主流。

（《人民日报》2001 年 7 月 22 日）

〈5〉 a. 这事 [已经完] 了，我不想谈！

　　 b. ? 这事 [业已结束]，我不想谈！

在上述两组用例中，出现于书面正式体中的"业已"必须合偶，如果不合偶就非法或接受度低；而出现于口语对话中的"已经"则可以与单音节词搭配使用，使用合偶结构"业已完毕"反倒会使整个句子非法。因此，我们将合偶词限定于"现代汉语书面正式体"，认为合偶是正式体的语法要求。

四   基于管辖关系的合偶词定义

我们将上述对合偶词的种种限定加以归纳，得出了合偶词的最终定义。

基于管辖关系的合偶词定义：

合偶词是指在现代汉语书面正式体中，必须与另一非轻声双音节词 Y^0 搭配使用，且与 Y^0 构成管辖关系的非轻声双音节词 X^0。

总之，合偶词虽简而言之是"双配双"，实则受到了句法、韵律、语体的三重严格制约，是典型的句法、韵律、语体交界的语言现象，因而也是韵律语法学、韵律语体学研究的典型对象。

第二节   前人研究综述

合偶词是在韵律语法学理论指导下挖掘出来的一批严格受韵律制约的双音节词，因此，在韵律语法学诞生以前，严格意义上的合偶词研究，亦即按照本章定义的合偶词的研究并不存在。因此，我们把合偶词的研究划分为前韵律语法学研究和韵律语法学研究两个阶段。

前韵律语法学研究阶段，与合偶词相关的研究主要有两类。第一类是以吕叔湘为代表的列举描写派，以个别列举的方式指出有些双音节词要求跟另一双音节词搭配使用，其他还有陆俭明、马真（1985：17）、张谊生（2000：195）、陈昌来（2002）等分别关于双音节副词、双音节动词、双音节介词的零散描写。第二类是以张国宪（1990，1996，2006）为代表的认知语义解释派。此外，还有与合偶词相关的［2＋2］音步的研究，代表性研究有马建忠（1898）、郭绍虞（1938）、赵元任（1979）、姜亮夫（2002：3－4）等。

韵律语法学研究阶段以冯胜利（2006，2013）和王永娜（2015）为代表，另外还有崔四行（2009，2012）、储诚志（2014）的相关分析。

一 前韵律语法学研究阶段

（一）以吕叔湘为代表的列举描写派

吕叔湘（1963）是最早从语法角度对汉语"双配双"现象予以关注的人。他敏锐观察到［2＋2］的四音节也是现代汉语的一种重要节奏倾向，四音节的倾向表现在某些组合里"一个双音节成分要求另一个也是双音节"。吕叔湘分别列举了状动、动宾、名动定中、形名定中、并列等五类结构，例如：

状动结构：

互相支持（依赖，监督）　　　共同使用（居住，管理）

动宾结构：

进行调查（研究，讨论）　　　加以支持（考虑，审查）

管理图书—＊管理书　　　　　开垦荒地—＊开垦地

名动定中结构：

钢铁生产—＊钢生产　　　　　余粮收购—＊食收购

形名定中结构：

伟大人物—＊伟大人　　　　　强大队伍—＊强大队

辉煌的城市—＊辉煌的城　　强大的国家—＊强大的国

并列结构：

文化教育　财政经济　图书仪器　风俗习惯

这些双音节词的共同之处是不能与单音节词搭配。其中，有的还可以与多音节词搭配，例如定中结构；有的则不能，例如状动结构。只有后者属于我们所定义的合偶词。这是第一次对此类现象的列举式描写，虽然并未区分"双配双"的内部差异，但到底正式拉开了合偶词研究的序幕。不过吕先生撰写此文的目的只是提出现象，引起注意，对于问题的根源并未作详细的探讨，仅用三言两语推测说，从历时发展来看，单双音节词属于不同的词汇层，双音节词是"最近几十年里产生的所谓'新名词'，或是原来只用于文言，最近才在白话里活跃起来的"，两者修辞色彩不同而不能合用。

此外，相关研究者也从不同角度分别注意到了汉语语法"双配双"的音节限制，主要分为双音节副词、双音节动词两类。

首先，关注比较多的是双音节副词的研究。陆俭明、马真（1985：17）指出某些双音节副词后面必须修饰双音节成分，例如"大力"，只能说"大力帮助"，不能说"大力帮"；另外，由"为"构成的双音节副词例如"大为、最为、颇为、甚为、极为"也都不能修饰单音节词。王兴才（2010）也发现由"为"充当构词语素所形成的双音节副词"X为"，一般用于双音节形容词或双音节动词之前。张谊生（2000：195）比较了单音节副词和重叠后的双音节副词在音节搭配上的限制，发现有些单音节副词只能同单音节谓词搭配，有些双音节副词只能同双音节谓词搭配，例如"频频传来—＊频频传、速速回归—＊速速回、屡屡失败—＊屡屡败"等。他还提出制约音节搭配的关键因素是使用频率，越是常用的副词，音节搭配的自由度越高，反之则越低。杨荣祥（2005：207）也指出有些双音节副词后面绝对不能是光杆单音节成分。

其次是关于双音节动词的研究。范中华（1991）和王一平（1994）都发现遭受类双音节动词一定要带双音节动词作宾语，并一致认为这种音节限制与语体有关，书面语以带双音节宾语为多，口语以带单音节宾语为多。汤廷池（2001）指出双音复合动词"X 加"后面必须加上双音节及物动词，例如"横加干涉、详加批评"。另外，邵敬敏（2007：254）则发现某些谓宾动词后面往往接双音节动词作宾语。

另外还有关于介词的描写。陈建民（1979，1984：67）举例说明部分介词后面必须接双音节名词，例如"按照时间—＊按照时、依照法律—＊依照法"。陈昌来（2002）指出，一般来说，单音节介词在搭配选择上限制较少，跟介词搭配的介引对象既可以是单音节的，也可以是双音节或多音节的，如"孩子们把鸡/把小鸡/把小公鸡/把闯进仓库的小鸡撵走了"；而相当一部分双音节介词跟后面的词语组合时有限制，一般要求后面的词语不能是单音节的，如"＊按照时上学—按时上学、＊本着此执行—本此执行"。但是这些双音节介词，不同于前面的双音节副词、双音节动词，这两类词不但不与单音节搭配，同时也不与多音节搭配，因而是本书所谈的典型合偶词。而介词后的宾语不能是单音节，但可以是多音节，例如"按照基本法"，因而不是我们所谈的合偶词。

总体来看，以吕叔湘为代表的列举描写派的成绩在于：第一，已经观察到汉语双音节词汇在进入句法层面时会受到音节限制；第二，音节与语体之间的模糊关系业已被众多研究者从不同角度注意到了。不足在于：第一，这些研究以个别现象的描写为主，且仅止于零散、局部的印象式描述；第二，由于缺乏具体理论的指导，对其背后的深层动因未能加以研究。

（二）　以张国宪为代表的认知语义解释派

张国宪（1990，1996，2005，2006）是继吕叔湘（1963）之后对单双音节动词、形容词的不对称搭配观察得最细致之人，他撰写了一系列论文对这些现象进行了持续的观察与思考，尤以专著《现代汉语形容词功能与认知研究》（2006）集大成。该书（2006：325－326）详细探讨了单双音节形容词分别与名词、动词的音节搭配限制。形名搭配可以组合为主谓和定中两种结构：

北风凛冽—＊风凛冽　毛发浓密—＊毛浓密（名形主谓）
伟大人物—＊伟大人　先进事迹—＊先进事（形名定中）

上述双音节形容词均不是我们所谈的合偶词，因为上述组合中的形容词只是不能跟单音节名词搭配，与多音节名词搭配是可以的：

北风凛冽—＊风凛冽—西北风凛冽
毛发浓密—＊毛浓密—眼睫毛浓密
伟大人物—＊伟大人—伟大革命者
先进事迹—＊先进事—先进生产力

张国宪（2006：343）较吕叔湘（1963）观察更为细致的地方在于发现了双音节形容词与动词的音节搭配限制，形容词与动词可以构成下述三种句法组合：

主谓结构：誊写清晰—＊写清晰　制造精细—＊造精细
　　　　　使用方便—＊用方便
谓补结构：关闭严实—＊关闭严　清洗干净—＊清洗净

　　　　　　　说明清楚—＊说明清
状中结构：缓慢行走—＊缓慢走　沉重打击—＊沉重打
　　　　　残酷杀害—＊残酷杀

上述画线双音节词中，主谓结构中的"清晰、精细、方便"当动词作主语时，要求主语必须是双音节，不能是单音节；谓补结构中的"关闭、清洗、说明"等双音节动词当后接形容词补语时，要求必须是双音节；状中结构中的"缓慢、沉重、残酷"作状语修饰动词谓语时，要求谓语必须是双音节。这三种结构中画线的双音节形容词、动词正是我们所指的合偶词。

　　在原因探究方面，张国宪没有沿着前辈学者开创的"语体"视角加以解释，而主要专注于认知语义视角。他（2006：353）认为，汉语音节与语义之间存在对应关系，如下所示。

	无标记组配	有标记组配
音节	单音节	双音节
动词	行为	动作
形容词	性质	状态
时间性	恒久	临时

因此，"写清晰、残酷杀"之所以不成立，在于表状态的双音节形容词"清晰、残酷"的临时性与表行为的单音节动词"写、杀"的恒久性相冲突；"关闭严"之所以不成立，是因为表性质的单音节形容词"严"的恒久性与表动作的双音节动词"关闭"的临时性相冲突。这种解释令人困惑之处在于认为单音节动词表恒久性行为，而双音节动词表临时性动作。据李临定（1990：133）的研究，单音节动词大多是表示具体动作的动词，双音节动词大多是表示抽象行为的动词。因此，从认知语义角度来解释

涉及合偶结构的音节搭配限制，虽然具有一定的可信度和解释力，但在解释的圆满度上仍然存在不能克服的缺陷。不应忘记，单双音节搭配说到底毕竟是韵律的语法现象，绕开韵律，不从韵律角度加以分析，到底是不健全的，也不可能揭示其真实面貌。另外，张文对上述现象的描写采取的是个别列举的方式，并未进行大规模语料库的统计分析，这也制约了其解释的有效性。

（三）［2+2］组配研究

1. ［2+2］组配的优势性研究

对［2+2］组配的研究可以分为以古代汉语和以现代汉语为研究对象两种视角。以古代汉语为对象的研究以马建忠、姜亮夫、郭绍虞、松浦友久等为代表，这一视角的研究往往表现出与文学的密切联系。《马氏文通》（1898/1998：91-93）详细分析了"之"字在参与名词短语组合过程中所起的"凑四成双"作用，例如"天时地利"不加"之"，而"三里之城，七里之郭"则需要，原因在于"惟欲语其偶，便于口诵"。姜亮夫（2002：432-437）指出，写于1921年的《昭通方言疏证》专设"说四字式词组"一节，认为"四字式词组为汉语之特殊形式，自其发展之史实论之，其根源盖本于汉语二字为一音步之定则，两音步即得组成一语句（Sentence），此表现于《诗经》时代为最突出"。郭绍虞（1938：74）也指出古汉语"复音语词以二字连缀者为最多，其次则三字四字。二字连缀者成为二音步，三字连缀者成一个单音步，一个二音步，四字连缀者则成为两个二音步"，这里的"两个二音步"也即双加双。日本汉学家松浦友久（1990：191）曾从文学的角度指出："有必要重新确认一个客观事实，即在中国的语言异乎寻常地强烈倾向于这种'二音节一拍'的特性之中，进而在由此构成的中国文学的诸种表现之中，显示出特别明确的对偶性。中国的文章，特别是文言中的明确的节奏性，就直接表明了节奏性甚至成为它的句子结构（syntax）的要素之一。"松浦友久谈的虽然是对偶性，跟我们这里的"合偶"概念不同，但是他能够从文学角度洞见基于双音节音步的"节奏是汉语句法结构的要素"，这一观点逼近了韵律语法学研究的本质，实乃真知灼见。

以现代汉语为对象的研究以赵元任、鞠君为代表，前者以名词复合词为研究对象，后者则将复合词与短语进行了比较。赵元任（1979：223）描述了［2＋2］的强势类推作用，他说："四音节复合词，绝大多数是［2＋2］，前2修饰后2，各自的内部结构多种多样：安全火柴、百货公司、国际法庭、公共汽车、航空母舰、有声电影。［3＋1］的复合词之中，3为［2＋1］比［1＋2］可能多些，因为［（2＋1）＋1］的节奏近乎［2＋2］。例如：自来水笔、九龙山人、萝卜丝饼、红十字会、染指甲草。［2＋2］的压力十分大，以致［3＋1］的复合词被理解为［2＋2］，只要多少有点讲得通……［1＋3］的复合词少见。"赵元任还进一步举了几个典型用例。［3＋1］结构的"［（无＋肺病）牛］"在没有标注的情况下被误读为"无肺＋病牛"；某办公室的名称"支编辑部"虽然符合语义但不顺口，后被改为"编辑＋支部"；"二表姐夫"被读为"二表＋姐夫"；"北中山路、二毛纺厂"被读为"中山北路、毛纺二厂"；等等。［2＋2］组合的优势性得到周荐（2004）调查结果的验证。周荐统计了《现代汉语词典》所收4623个四字组合单位，二分的［2＋2］式四字组合单位是最多的，有4127个，约占二分的四字组合单位总数（4461个）的92.51%。

鞠君（1995）通过对［1＋3］和［3＋1］句法组配的韵律解读进一步细化了赵元任的观点。鞠君发现，韵律与句法匹配与否受到句法和韵律双重因素的制约。［1＋3］动名组合如果内部为［1＋（2＋1）］，如"喝西北风"，则不能被读为［2＋2］；如果

为 [1 + (1 + 2)]，如"成人之美"，则易被解读为 [2 + 2]。同样，[1 + 3] 定名组合如果为 [1 + (2 + 1)]，如"一肚子气"，则不能解读为 [2 + 2]；如果为 [2 + (1 + 1)]，如"大型车道"，则易被读为 [2 + 2]。韵律对句法也有强制作用，如"做白日梦、作小说者"被变形为"白日做梦、小说作者"。

总体来看，以古代汉语为对象的 [2 + 2] 研究更多揭示了文学性语言的内在节奏性，而以现代汉语为对象的 [2 + 2] 研究则从语法角度深化了人们对这一韵律组配对汉语造词影响的认识，展示了韵律在决定汉语词序方面的制约作用。这两种研究视角长期以来是分离的，各自的研究也是零散的、不成系统的。直到汉语韵律构词学（冯胜利，1997）的诞生，才将这两者纳入一个科学的理论系统，实现了解释的统一性。

2. [2 + 2] 组合的语体研究

史有为（1995）认为影响鞠君文中所列举现象的不同韵律组合跟语体有关。他说作为惯用语的"一肚子气"和作为成语的"一衣带水"具有不同的语音表现，把它们混在一起讨论并不合适。惯用语常用于口语，成语则具有书面色彩。口语和书面语在语音上的重要区别是：口语允许有轻声，而书面语则较难容纳轻声。不能因为"一肚子气"是 [3 + 1] 就要求"一衣带水"也是 [3 + 1]，因为前者有轻声，必须依附于前移音节，而后者并无轻声。"一衣带水"读为 [2 + 2] "可能恰恰是反映了作为书面语体的成语的读法"。口语中语法和语音不一致的地方大大少于书面语。这篇文章如果进一步挖掘，"韵律组合与语体属性密切相关"的结论已然呼之欲出，可惜作者仅止于个别现象的描述，未进一步理论化。直到冯胜利（1997）才基于韵律构词学理论，详细分析了四字格"一衣带水"和"稀里糊涂"两种不同重音格局所具有的语体属性；冯胜利（2010b）更是进一步分析了口语中习惯用语的 [1 + 2] 所具有的"悬差律"所造成的诙谐的表达效果。

总之，前人关于［2+2］音步的研究功绩在于指出了其优势性及语体特征，但就整体来看，这些论述还不够深入和细致。关于其优势性，马建忠和赵元任的分析都是个别列举式的，并未加以展开；关于韵律与语体之间的关系，某种韵律因何适用于某种语体，史有为也未加以展开论述。我们对合偶词的研究将表明，［2+2］的优势性是汉语韵律系统作用的结果；而［2+2］的语体属性，既与单双音节的语体特征有关，也与［2+2］音步的韵律特征有关。在韵律语法学的理论框架内，韵律、语法、语体之间的关联可以得到系统性的阐释。

二 韵律语法学研究阶段

（一）冯胜利的研究

冯胜利在其《汉语书面用语初编》（2006）一书中展开了对合偶词的初步研究工作，包括术语命名、建立语料库、界定其语体属性三个方面。

1. 合偶词的正式命名

在该书中，冯胜利（2006：6）对合偶词进行了正式命名：合偶词是要求和另一个双音节词组成"［双+双］"的韵律格式的双音节词（disyllabic couplets or a disyllabic word combined with another disyllabic word）。不过，这一时期对合偶词的认识仍然存在误区，即虽然定义是"［双+双］"，实质却指"不能与单音节搭配使用"，未考虑与多音节搭配使用的情况。这一认识延续了自吕叔湘（1963）以来对"双配双"的一般性观察，只注意到了该类词韵律搭配的一个方面。其实合偶词的"合偶"有两个表现：一是不能"配单"；二是不能"配多"，只能"配双"。"＊种植树—种植树木、＊伟大人—伟大人物"与"＊业已完—业已完毕、＊保持长—保持生长"两者的差别在于，前者只满足不"配单"，而后者还满足不"配多"的韵律条件。不"配单"只是成为合偶词的其中一个条件。

2. 合偶词语料库的初步建立

冯胜利（2006）初步完成了合偶词语料的收集整理工作，建立了一个小型语料库，使对这一现象的印象式观察实证化、具体化。《汉语书面用语初编》收集了 398 个"合偶词"，对这些词根据音序进行了排列，并注明了其词性和搭配情况。不过，由于认识上的误区，235 个动名述宾组合中的双音节动词和 19 个定中组合中的双音节形容词只是不能"配单"，但可"配多"，因而并不是我们所谈的合偶词。该书符合我们定义的合偶词总计有 109 个。

3. 合偶词的语体属性

冯胜利将合偶词置于现代汉语书面正式体的背景中加以定位。汉语书面语并不是一个均质的语言系统，而是包含了正式的成分和非正式的成分，如图 1-5 所示（引自冯胜利，2006：2）。书面正式体是一个由古代汉语文言成分、现代白话成分和现代正式自生系统组合成的新的语言系统。胡明扬（1993）和朱德熙（1985）曾经指出现代汉语并不是一个均质的语言系统，有口语也有书面语，包含了文言成分、北京口语成分、外来成分、方言成分等多种系统，但他们都没有说明现代汉语还有"自生系统"。合偶词及其语法就是现代汉语生发出来的一套应用于正式体的词汇和语言规则。

冯胜利（2006：5）指出，现代汉语自己生发出一批双音节书语词，例如"进行、加以、从事、埋葬、损害、种植、阅读、伟大、光荣"等等，要求和两个或两个以上音节搭配。这批词古代没有，口语里也不用，只在书面正式体里出现。在这批书语词里，有一批受到严格韵律限制的双音节词，必须和另一个双音节词一起使用，例如"经受批评—*经受批、加以修理—*加以修"等等。他指出，书语词是和语法紧密相连的，合偶词既是韵

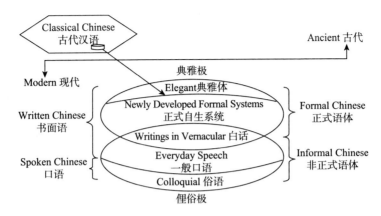

图 1-5　现代汉语书面语系统的非匀质构成

律问题，也是语法问题：双加双是韵律问题，而哪些词可以跟哪些词双、在哪儿双、怎么双却是语法问题。汉语书面正式体的特点就是韵律和语法的交互作用，研究合偶词必须在这一视角下才能获得深入正确的认识。

（二）崔四行与储诚志的研究

崔四行（2009，2012）曾将状中结构的"合偶词"分为两种：一种是书面语词汇；另一种不但出现于书面正式体，也可在非正式体中出现。两种"合偶词"语体不同，音节搭配也不相同：出现于书面正式体时，后面一定是跟双音节词；出现于非正式体时，则可与单音节词搭配使用。这种既可"配双"也可"配单"的"合偶词"与本书所说的"合偶词"不同，我们所指的合偶词只能跟双音节词搭配使用，一旦可以"配单"就不再是合偶词了。

储诚志（2014）提出，在实际语料中存在很多可与单音节词搭配使用的合偶词。如下文所示，储所说的"合偶词"并不是真正的"合偶词"。我们将这些用例分为两类。第一类是动名述宾结构，例如：

〈6〉 a. 春季风大要多**补充**水。

　　 b. 拿那么点工资，**赡养**娘的钱还是很难出得起。

　　 c. 饲养牛如何**节约**饲料。

　　 d. 科学饲养猪，**提高**出栏率。

这一类结构中出现的双音节动词，跟单音节词搭配使用受限，但是跟多音节名词搭配使用没有问题，例如"补充维生素、赡养养父母"等，因而并不是我们这里所谈的合偶词。出现这种违反核心重音规则的［2＋1］结构，主要原因在于这些动名组合分别处于定语、主语位置，避开了核心重音发挥作用的谓语位置，而"科学饲养猪"则是因为出现于对举语境，对举成分的窄焦点取代了核心重音这一宽焦点，具体分析可参见黄梅（2015）。第二类是以"禁止哭"为代表的动动述宾结构：

〈7〉 a. 律师也是人，也有感情的，法律没有**禁止**哭吧？

　　 b. 男子汉大丈夫，要哭就趁早，免得年纪越大，愈被**禁止**哭。

　　 c. 月子里是**禁止**哭的，亲要想开点才行。

　　 d. 国王**禁止**哭，便会有人想方设法地哭，不能用眼睛便用头发、耳朵甚至乳房哭。

　　 e. 小丑是**禁止**哭的。小丑要让观众笑。

　　 f. 她没有**禁止**哭，因此小朋友对此很容易接受，对老师就没有了反感。

储诚志认为这些用例构成了合偶词的反例，认为"禁止哭"之所以成立，是为了与上下文的语体保持协调，"国王禁止哭"受到了后句"便会有人想方设法地哭"的协同性影响（assimilation effect），造成了前后两句的风格融合（style blending）。因此分析合偶词时必须考虑非韵律的因素，语体协调（style concordance）是其中一个要素。

　　根据我们前面对合偶词的界定，合偶词是指在书面正式体环境中必须"配双"使用的非轻声双音节词。只有在正式体中才要求合偶，脱离这一语境并无合偶的要求。上述六个句子中，前三句用于直接的会话，后三句虽然并非会话，但也是比较随意的场合，算不得正式语境，因此这里出现非合偶的［2＋1］音节组配是很正常的。我们认为这里可以跟单音节词搭配使用的"禁止"已经不再是合偶词，"禁止"曾经是书面正式体专用的合偶词，但日渐渗入日常随意体中，变得越来越不合偶。储诚志指出的"合偶词不合偶"现象反映了语体之间的相互转换（冯胜利，2010a），即合偶词是可以从曾经合偶降格为不合偶的，其降格机制就是使用频率促发的语体转换。语体属性是合偶词三大属性之一。

（三）王永娜的研究

　　王永娜 2015 年出版了《汉语合偶双音词》，这是自冯胜利（2006）以来首本专门介绍合偶词的著作，对合偶词的定义、分类和语体属性做了简要梳理。作为一本入门读物，该书注重通过明白晓畅的语言，将合偶现象解释得通俗易懂。该书基本沿袭了冯胜利（2006）的分析思路与框架，在合偶词的定义、合偶词的内在机制方面没有表现出明显的理论突破。

　　该书与本书最基本的差别表现在合偶词的定义上。第一，从韵律限制看，本书认为，合偶词在韵律上只能"配双"，不能"配单"，也不能"配三"；而王书的合偶词实质是"不能配单"，可以"配多"。诚如其书中所言（王永娜，2015：9）：

　　　　有的（合偶词）则除了"双＋双"结构外，还允许组合

对象是一个以单音节为中心的三音节或更大的单位，即存在
"变体形式"，例如：

办理事宜	*办理事	办理大事	办理一件事
办理关卡	*办理卡	办理年卡	办理一张卡
打扫道路	*打扫路	打扫小路	打扫一条路

王书将合偶词分为典型形式、变体形式和扩展形式（王永娜
2015：8），典型形式为"双＋双"，变体形式是上面所列举的
"双＋三"或更大的单位。从王书的定义和举例来看，对合偶词
的界定较为宽松。王书将合偶词分为宽式和严式合偶词，宽式合
偶词允许"双＋三"，而严式则只允许"双＋双"。

王书与本书上述差别的背后，是王书将体词性宾语作为双音
节动词的合偶对象，而本书则排除了这一类别。本书将充任主
语、宾语、定语中心语的合偶对象限定于"名物化"动词，即单
音节动词由于"双音化韵律形态"实现了"名物化"。例如，定
中合偶结构"悲壮＋呐喊"中的合偶词"悲壮"要求其中心语为
"双"，"悲壮＋喊"不成立；介宾合偶结构"伴随＋来临"中合
偶词"伴随"要求其宾语为双，"伴随＋来"不成立；主谓合偶
结构"关爱＋备至"中的合偶词"备至"要求其主语为双，"爱＋
备至"不成立。这些例子中"配双"的要求，是借助"双音节韵
律形态"实现的。而这正构成了这三类合偶结构合偶的根本
动因。

第二，本书将合偶词的句法要求限制在"管辖"关系中，合
偶词及合偶对象两者之间构成了"管辖关系"，且两者均为核心
词。而王书仅宽泛地指出"合偶词"须为双音节，配合的对象须
为光杆形式。这一界定所用术语较为通俗易懂，但未能揭示合偶
词及其合偶对象之间本质性的句法关系。

由于王书对合偶词的定义过于宽泛，收集的语料也较本书更

为宽泛，语料的"不纯粹"遮蔽、误导了作者和读者准确认识合偶词的韵律本质和句法本质。然而，这也正是本书意义所在：科学研究的目的就是在前辈的基础上，把研究导向深入，逐渐接近乃至触及现象的本质。

三　小结

本章基于形式句法的"管辖关系"对合偶词做了界定，排除了五种貌似合偶的情况。虽然从吕叔湘（1963）到张国宪（1990，2005，2006）再到冯胜利（2006）、王永娜（2015），完成了对合偶词从印象式观察到有意识的自觉思考的阶段性飞跃，但其整体面貌和基本性质仍然模糊不清。本书拟以冯胜利（2006）的研究为基础，以当代韵律语法学和语体语法学为理论工具，依托语料库统计结果，进一步对合偶词的韵律、句法和语体特征展开全面综合的调查分析。

第三节　研究目标、价值与方法

一　研究目标

目前我们共收集到1517个合偶词，分布于主谓、述宾、定中、状中等所有句法位置。其中状中合偶结构504个，包括副词作状语、形容词作状语、名词作状语、动词作状语四类；述宾合偶结构464个；主谓合偶结构314个；定中合偶结构235个。可见，合偶词分布具有广泛性，是汉语的一种普遍现象。本书着力要解决的问题如下。

第一，哪些词是合偶词？它们跟什么词合偶？在什么句法位置合偶？我们通过多方收集，建立起了现代汉语合偶词的小型语料库（见书后附录），根据句法结构进行了分类，为后续的研究奠定了基础。

第二，合偶词为什么合偶？本书发掘并论证了三个合偶动因：双音节泛时空化语体规则、双音节韵律形态语体规则、正式体合偶规则。"核心重音规则"也可以作为合偶的辅助性解释。不同合偶结构所受规则制约并不相同。是单独驱动还是两者兼而有之，抑或是三者共同促发？

第三，合偶词的本质是什么？本书通过分析句法合偶词、缀式合偶词的构词机制，通过分析不同合偶结构的合偶动因，揭示了合偶词的本质。

通过对以上问题的解答，我们希望本书能展示合偶词的基本样貌，分析其合偶动因及机制，揭示合偶词的本质。

二　研究价值

（一）理论价值

本书以合偶词这一在现代汉语语法系统中普遍存在的特殊双音节词为研究对象，在前人研究的基础上，重新界定其具体内涵，建立了包括 1517 个合偶词的语料库，探究四大合偶动因，详尽分析了句法合偶词、缀式合偶词的构词机制，以及轻动词述宾合偶、状中合偶等合偶结构的内在合偶机制，展示了其基本样貌，揭示了这一现象的本质。

本研究将深化我们对汉语自身特点的认识。研究汉语语法，必须从汉语自身的特点出发。汉语最大的特点之一就是语法受到韵律的制约。"汉语的音节和节奏在汉语的组词和造句乃至构建句子中有重要作用，大概远比我们所认识和所承认的要重要……大概没有一种语言像汉语这样依赖音节和节奏。"（潘文国，1997：116－117）"讲汉语的语法结构类型，单音节和双音节的区分甚至比名词和动词的区别还重要。"（沈家煊，2011：10）因此，研究汉语语法不能不考虑汉语的韵律特征。［2＋2］合偶结构作为汉语最重要的遣词造句规则之一，正是这样一种典型的受韵律制约的构词与句法现象。对合偶词以上基本问题的清晰解答将有助于深化我们对汉语语法特点的认识。

本书的论述将有助于进一步认清普通语言学理论对语法和语音关系的认识。本书对合偶词的研究将进一步证明韵律足以成为一个独立的研究平面。当代语言学大致有两种研究取向，一种是以乔姆斯基为代表的形式主义的路子，另一种是功能主义的路子。形式主义的研究在当今西方语言学界仍占据主导地位（沈家煊，1999：2）。研究者主张句法自主（Autonomous Syntax），将句法结构从语义和语音的影响中独立出来单独加以研究。20世纪70年代以来生成音系学的迅猛发展使人们对语音和语法的关系有了新的认识，特别是韵律构词学（Prosodic Morphology）（McCarthy & Prince，1986，1990b）发掘了一大批构词受韵律制约的现象，比如世界上很多语言的重叠、缩略语、昵称等构词现象均受到"最小词"韵律模块的约束（M. Kenstowicz，1994：622 – 662；Downing，2006），这些都不同于一般所谓"语音和语法对立"的主流观点。汉语的韵律可以改造句法（沈家煊，2013），其实，我们可以更进一步说，汉语的韵律本身就是句法，因为合偶本身就是一种语法规则。因此，对合偶词的研究将进一步证明：虽然"句法制约音系"（Selkirk，1984），但韵律并非与句法无关（Phonology-Free Syntax）（Zwicky，1969；Zwicky & Pullum，1986）。对汉语这一特点的发掘将逐渐改变普通语言学对句法和语音关系的有关论述，从而完善和丰富普通语言学理论。

（二）实践价值

合偶词的"双配双"结构是汉语母语者遣词造句、行文谋篇的重要语法规则，本研究将为对外汉语教学、国内的语文教学提供积极的理论启示和具体的材料支持。

从对外汉语教学的角度看，［2＋2］是汉语常见的词汇搭配形式，尤其是在中高级汉语教学当中，无论是综合课，还是阅读课、写作课，这一结构形式可以说俯拾皆是。因此，对外汉语教师对这一搭配的思想认识将影响到对诸多词语和句法结构的讲解，从而影响到留学生对汉语词汇和句法特点的理解和运用。无疑，母语者汉语教师凭借自己的语感对这一搭配会有朴素的直觉，因此，在讲解词汇和句法结构时也会零散涉及。但是这种朴素的直觉、零散的涉及显然是不够的。我们的研究表明，合偶现象在主谓、定中、述宾、状中等汉语的主要句法结构中都有所呈现，它是受汉语韵律系统制约而出现的一种系统性句法现象，并非零散、个别的特殊情况。因此，汉语教师对合偶这一汉语重要句法规则的模糊认识或遗漏将影响到汉语教学的诸多方面，不利于外国学生正确认识汉语的语法和韵律特点。我们相信，合偶词的研究成果将有助于教学者重新认识这一现象，形成一定的理论自觉，并将提供可靠的材料支持。一线教师在解释下列留学生的语法错误时将更具理论高度：

〈8〉 a. ＊他<u>毫不累</u>。

　　 b. ＊这件事真<u>令人愁</u>。

　　 c. ＊村民们<u>遭到</u>山里强盗<u>偷</u>。

　　 d. ＊他被<u>残酷杀</u>。

上述画线合偶词，要求其搭配使用的必须为双音节词。更重要的是，合偶词的研究显示了不同语体对语法的不同要求。合偶是书面正式体对语法的要求，口语并无这一限制，例如：

〈9〉 a. 他们将<u>择期结婚</u>。

　　 选个日子把婚结了。

　　b. 两名犯罪嫌疑人<u>畏罪</u>潜逃。

　　　两名犯罪嫌疑人犯了罪怕受罚给跑了。

　　c. 他神色木然，<u>从实</u>回答。

　　　他脸呆呆的，照实都说了。

上述合偶词"择期、畏罪、从实"的合偶用法适用于书面正式体语法，在口语中同样的语义表达并不遵守这一强制性要求。了解汉语语法"分体"而有异，不同场合须根据语体不同而采用不同的语法结构，这对以提升外国学生交际能力为目标的汉语教学是非常重要的。

　　同样，合偶词研究也会促进母语者语文教学对汉语遣词造句规则的理性认识。合偶词研究表明，韵律本身就是汉语的一种语法规则，这一语法规则在汉语书面正式体里具有系统性、普遍性，遵守并重视这 规则对于创作出符合语法、切合语体、符合中国人审美的文章是至为重要的。我们也相信，对合偶这一规则的理解和掌握必将有助于母语者的阅读和写作教学。

三　研究方法

（一）描写与解释相结合

　　当今语言学有两种基本的研究方法，一种是描写的方法，另一种是解释的方法。早期以行为主义理论为基础的美国描写语言学派主张严谨的观察和对语言形式的客观描写；随后由乔姆斯基创立的当代形式句法学则强调，语言研究的任务是要揭开儿童因何在有限时间内可以获得无限生成的语言的柏拉图之谜，因此解释的准确性（explanatory adequacy）比描写的准确性（descriptive adequacy）更重要（Chomsky，1965：24）。功能认知语言学也强调要从人类认知的特点来解释各种语言现象。现代汉语早期的研究很注重语言事实的收集和描写，但是不太关注解释，以至于王士元说大陆的语言研究"材料丰富，理论贫乏"（王士元，1993）。如今，人们已经形成共识，要在充分描写的基础上进行充分的解释，这也是本研究追求的方法目标。

（二）内省与观察相结合

语言学研究的对象究竟是人们头脑中存在的理想、整齐的"语言"，还是自然语言中存在的纷繁杂乱的"言语"？对此，语言学领域的理性主义者和经验主义者给出了不同的答案。索绪尔认为语言学研究的真正唯一的对象是语言，因为语言是社会的、同质的、抽象的，而言语则是个人的、异质的、具体的。乔姆斯基认为，人类天生具有习得任一语言的能力，语言学家的任务就是要发现存在于理想的话语者头脑里的语法规则；如果要把语言学当作一门科学，我们所观察到的言语使用情况并不能"构成语言学研究的对象"，因为对自然语流的记录表明实际使用的言语"有无数错误的开始、偏离语法规范、中途改弦易辙"等等（Chomsky，1964：4），所以他主张采用直觉（intuition）和内省（introspection）的方法来构建语法。20世纪五六十年代基于经验主义哲学的语料库语言学家则强调应以大量的"言语"为研究对象，任何研究结论都应依据客观事实，仅靠理性主义的直觉和内省是靠不住的。我们认为，对于语言事实合法与否的判断，虽然可以设计一些测试标准和方法，但是个人的直觉和内省仍然是出发点和最终依据，对某一语言缺乏直觉感悟力的非母语者很难对该语言进行深入的研究。因此，直觉和内省应该是研究语言的重要方法之一；但是个人内省和直觉所依据的语言材料毕竟是有限的，只有将内省所得在大型语料库中加以验证核查之后，所得结论才更具有普遍性和解释力。因此，我们主张语言研究应当是内省和语料库观察的结合。

第四节　语料来源

一　合偶词收集来源

（一）冯胜利《汉语书面用语初编》

冯胜利（2006）所著《汉语书面用语初编》从《汉语词汇与汉字等级大纲》中的丙级以下词汇中共收集了 398 个"合偶词"。这些"合偶词"可分为五类。第一类为动名述宾结构，共235 个，例如：

> 安装门窗——＊安装窗——安装电冰箱
> 打扫街道——＊打扫街——打扫会议室
> 办理机票——＊办理票——办理登机牌
> 保卫大桥——＊保卫桥——保卫新中国

可以发现，这些双音节动词只是不能跟单音节名词搭配，但是跟多音节名词搭配没有问题，所以并不是我们所谈的合偶词。第二类是既可以接体词性宾语也可以接谓词性宾语的双音节动词，共70 个，例如：

> 保障供给——＊保障供　保障人权——＊保障权——保障知情权
> 承认错误——＊承认错　承认罪行——＊承认罪——承认抢劫罪
> 等候回答——＊等候答　等候来信——＊等候信——等候通知函
> 防止攻击——＊防止攻　防止疾病——＊防止病——防止坏血病

冯先生对上述两类体词性宾语和谓词性宾语未加区分。按照我们对合偶词的定义，必须区别对待这两类宾语，带体词性宾语时该双音节动词不是合偶词，而带谓词性宾语时该双音节动词为合偶词。另外这 70 个中有 10 个可以与单音节词搭配使用，例如：

被迫去—被迫前往　　处处是—处处皆为

负责办—负责办理　　表示爱—表示喜爱

计划去—计划前往　　加紧干—加紧工作

设法去—设法前往　　避免去—避免前往

禁止哭—禁止哭泣　　梦想飞—梦想飞翔

这 10 个词也不是我们所谈的合偶词，因此我们得到动动述宾结构的合偶动词 60 个。第三类是状中结构中充当状语的双音节副词、名词、形容、动词等，共 69 个，例如：

持枪抢劫—*持枪抢　　大力帮助—*大力助

无法比拟—*无法比　　精彩表演—*精彩演

高度评价—*高度评　　踊跃回答—*踊跃答

这 69 个双音节词中，有 23 个可以与单音节谓词搭配，例如：

刻苦学—刻苦学习　　轮流值—轮流值班

盲目信—盲目相信　　猛然看—猛然一看

明明是—明明就是　　小心拿—小心拿好

独自去—独自前往　　提前问—提前询问

因此，总计有 46 个是本书所定义的合偶词。第四类为定中结构的合偶词，共计 19 个，比如：

重大事件—*重大事—重大诈骗案

紧急药品—＊紧急药—紧急避孕药

伟大人物—＊伟大人—伟大革命者

开明党派—＊开明党—开明政治家

这些词都可以同多音节名词搭配使用，因此不是我们所谈的合偶词。第五类是主谓结构，共 4 个：

进攻失败—＊进攻败　　经历复杂—＊经历杂

竞争活跃—＊竞争活　　流传广泛—＊流传广

这 4 个双音节动词充当主语时，谓词必须是双音节形容词，在这一句法结构里，这些双音节动词是合偶词。这样，从《汉语书面用语初编》一书中我们得到 110 个合偶词，其中"大有、持枪、一经"未被词典收录。

（二）《现代汉语词典》（第 6 版）

我们以上述第一批合偶词为基础，根据第一章对合偶词的定义，对《现代汉语词典》（第 6 版）进行了穷尽性的收集，目前共计收集到近千个合偶词。

（三）其他来源

合偶词并不是一个封闭的词汇系统，有两类合偶词正在形成中，因而不易于做穷尽式统计。

第一类合偶词是临时生成的句法词，例如"仅供、谨致、深受、概不、恐遭、现已、尚待"等，这样的词在合适的句法条件下借助于韵律模块的黏合作用易于批量产出，例如"广受、大受、备受、谨受"，再如"惨遭、易遭、若遭、突遭、频遭"，再如"严加、细加、深加、稍加、略加、乱加、胡加、不加、未加"。这类词大多未被《现代汉语词典》（第 6 版）收录，我们主要依据北京语言大学"现代汉语研究语料库查询系统"和 BCC "现代汉语语料库"查找未被词典收录的句法词,现已收集了 194 个,但是理论上这类词是很难穷尽的。

第二类合偶词属于临时借用,比如名词用作状语、动词用作状语,由于并不是名词和动词的典型句法功能,需要一定的句法环境才能被激活,激活以后作为固定用法还需要一定的时间才能逐渐被人们认可,因而也不易于进行统计。例如在合偶结构"火爆上映、盛装到来、盛情邀请、实况转播"中,"实况"已经被众多研究者认定是可以作状语的名词,但是"火爆""盛装""盛情"被用作状语则具有一定的临时性。另外,形容词作状语有人认定是形容词固有的用法(张谊生,2000:11),但是有些形容词用作状语也非常类似于名词、动词用作状语,具有一定的临时性,例如"残酷杀害""浑然忘记"已被一般人认可,但像"盛大开业、光荣归来"仍然是带有新奇性的表达。我们从相关的研究(孙德金,1995,1997;张军,2014)中收集到名词作状语、动词作状语的基本用例共 209 个。

此外,我们还参考了相关的研究论文如张谊生(2000)、杨荣祥(2005)、黄梅(2012),并从广播、电视、报纸上零散收集到了部分句法词。

因此,本书收集的合偶词穷尽了《现代汉语词典》(第6版)中的所有双音节词条,但是并未穷尽现代汉语里所有可能的用例。合偶词本身的构词特征决定了我们难以穷尽,而只能步步逼近最终可能的数量。我们认为,假如我们的分析是正确的,即合偶词是在汉语韵律构词系统与句法系统的几条相关规则综合作用下生成的一批词,其形成和分布均有规律可循,那么,这一规律将不仅作用于可穷尽的语料库,同样也制约着不可穷尽的语料库样本。因此我们认为,语料库的未穷尽并不影响本书的分析。

二　本书用例来源

本书涉及的例子有三个来源。一是北京语言大学 BCC "现代汉语语料库"中的例句，二是笔者通过内省搜集的例子，这两种均未标注来源。三是从相关论文中摘引的用例，均注明出处。

本书认为合偶词的典型用例应为现代汉语书面正式体语法系统中的规范用例，所谓"规范"指的是从大量个例中抽象出来的、被一般人语感认可的书面正式体中的常规语法表达。语法规范是对现实世界中出现或可能出现的各种语言事实的高度概括和抽象，在语料库或可能的语言世界中存在大量的失误。据著名语料库语言学家 J. Aarts 研究，实际话语中支离破碎的例子出现的频率远高于规范用例（Aarts，1991：44 - 62），语法研究显然不能以大量非常规表达作为衡量句子合法与否的标准，因此非规范的用例不在本书讨论范围之内。主要包括下述几种。

（1）个人用例，仅被个别人认为是合法的用例。例如有些人认为"这一时代即将来"中"即将"的非合偶用法是成立的，我们认为，即使勉强成立，也是个人的非规范的表达，因此不能算是反例。

（2）修辞用例，在有些表达中出于修辞需要，本来合偶的结构会不合偶。例如："今天晚上回家路上巨资买了个电脑！""巨资买"正常表达可为"花大价钱"，这里将书面正式表达方式融入日常口语中，通过"大词小用"达到了强调的目的。通过语体转换满足修辞需要，这种修辞方式尚未引起研究者的注意。

（3）不属于现代汉语语法系统，出现于古代汉语中的非合偶用例。例如"万民恐""略感痛""业已毕"等。

（4）出现于现代汉语口语语法系统中的很多用例。口语表达与书面语表达的区别之一在于，口语语体在不影响语义的情况下，对非规范表达有较高的容忍度。例如非合偶结构"毫不怕"在口语中可能被认为是可以接受的表达，而在书面正式体中则是非法的。因此，不能用口语的大量非规范的表达来判定书面语语法的合格与否。

第二章　合偶动因

本章介绍本书的整体理论框架，重点阐述造成合偶的四条规则："双音节泛时空化语体规则""双音节韵律形态语体规则""正式体合偶规则"，"核心重音规则"作为韵律语法规则也可辅助解释合偶动因。本章还分析了生成句法合偶词和缀式合偶词的"双音节模块优先律"。上述规则的理论基础是冯胜利创立的韵律语法学（Feng，1995；冯胜利，1997，2013）、语体语法学（冯胜利，2010a，2011，2012，2015，2021；王永娜，2010；冯胜利、刘丽媛，2020）及韵律形态假说（冯胜利，2007；王丽娟，2009）。

韵律语法学是近年来逐渐发展并成熟起来的一个新兴的交叉性语言学学科，它研究的是汉语中受韵律制约的构词和句法现象，其学科基础是形式句法学（Chomsky，1957，1981/1993，1982）、节律音系学（Metrical Phonology）（Liberman & Prince，1977；Hayes，1980，1985，1987，1995；Halle & Vergnaud，1987；Halle & Idsardi，1995）以及韵律构词学（Prosodic Morphology）（McCarthy & Prince，1986，1990a，1990b，1991a，1991b；McCarthy，1993）。韵律语法学包括韵律构词学和韵律句法学两个有机组成部分，前者主要研究汉语构词所受到的韵律模块的制约，特别是双音节模块的制约；后者的核心内容是核心重音规则（NSR，Nuclear Stress Rule）对汉语各类句法现象的制约性。韵律语法学新近衍生出一个新的研究方向——语体语法学，这构成本书解释合偶词合偶动因的主要理论依据。此外，合偶词合偶还跟汉语双音节的韵律形态有关，因此，"韵律形态假说"也是我们借以分析的理论工具。下面我们首先对基本概念进行介绍，然后依次论证五条基本规则："双音节泛时空化语体规则"、"双音节韵律形态语体规则"、"正式体合偶规则"、"核心重音规则"及"双音节模块优先律"。

第一节　基本概念辨析

韵律（Prosody）　韵律在传统的诗学分析中指诗行结构的节拍特点。音系学意义上的韵律特征，一般指的是除音质成分以外的音高、音长、音强等语音特征，表现为语音的长短、轻重音、声调的高低升降或平曲，由于这些特征一般体现在不止一个音段上，所以又叫"超音段特征"（Crystal，2011：290 - 291）。但是不同的语言学理论所指并不相同。伦敦学派韵律音系学（Prosodic Phonology）的代表人物弗斯1948年在其《语音和韵律分析》中，将腭化、鼻化或圆唇等发音特征也包含在韵律分析中，因为上述特征也常常体现在不止一个音段上；而在 Liberman 和 Prince（1977）的节律音系学（Metrical Phonology）中，主要将重音作为韵律特征加以分析。在冯胜利（1997，2013）的韵律语法学体系中，韵律主要指音节的长短（韵律构词学）和音节的轻重（韵律句法学）两个特征。

音步（Metrical Foot）　音步是由轻重音节组成的节律单位（rhythmic unit），最初也用于西方传统的诗歌分析。抑扬格（Iambic Foot）是英语诗歌最常用的音步（赵忠德，2006：217）。以重音为主要研究对象的节律音系学，视重音为双分支结构中比较凸显（prominent）的部分，音步则为双分支结构的一个底层单位。根据重读音节的位置，音步可以分为左中心音步（Left-Headed Foot）和右中心音步（Right-Headed Foot）；根据音节数量的多少，音步可以分为不超过两个音节的限长音步（Bounded Foot）、只含一个音节的残音步（Degenerate Foot）（Crystal，2011：145）。由于人们对汉语重音的感知不明显，汉语是否存在音步便成为有争议的问题。陈渊泉（Chen，1979）和石基琳（Shih，1986：110）最早用音步来探讨普通话节奏，但陈渊泉关于汉语方言变调的著作（Chen，2000：366）却抛弃这一概念，将汉语的最小韵律单位称为 MRU（Minimal Rhythmic Unit）。王洪君（2008：125）认为虽然汉语不是重轻型语言，但在音节之上也存在类似重轻型音步的节奏单元，不妨按通常说法称之为音步。端木三（Duanmu，2007：133，139）认为重音是音步的组成部分，谈音步不能离开重音，汉语存在双左重的莫拉音步和音节音步（端木三，1999）。我们认为，虽然汉语的重音凭耳朵不一定听得出，但语言是一种声音的运动，既然是声音的运动就一定会产生轻重高低，因此，汉语也一定存在轻声以外的重音。由于汉语者对音步的感知很明显，在我们未将汉语的重音弄清楚以前，也不妨用这一概念分析汉语的节奏。后文所谈音步均基于冯胜利（1997）的定义。

　　重音　"重音"一词的大众用法常等同于含糊的"强调"或"强度"概念，实际上音长、音高的增加也会造成凸显的总体印象（Crystal，2011：337）。重音一般可分为词重音和句重音两类。词重音又可分为自由重音和固定重音两类：前者如德语、俄语、意大利语、英语，这些语言的重音常用来区别词或词类；后者如法语、捷克语、立陶宛语、芬兰语、匈牙利语等（Bußmann，2007：17）。汉语词重音的有无存在争议。Třísková（2019）与冯胜利（2021）提出汉语是"以弱显强"，异于英语的"以重显强"。句重音有不同的分类：Lehiste（1970）分为原始重音、对比重音和强调重音三类；罗常培、王均（1981/2002：152）分为三类，包括节律重音、逻辑重音和强调重音；赵元任（1979：

23）分为三类，包括正常重音、对比重音和弱重音；王洪君（2008：273）从句法、语义、语用三个角度将句重音分为句法常规重音、语义重音和焦点重音。我们采纳冯胜利（1997：86）的四分法，将句重音分为强调重音、对比重音、问答重音和核心重音四种，其中前三种又被称为窄焦（narrow focus）重音，最后一种又被称为宽焦（broad focus）重音：

强调重音（Lexical Focal Stress）

　　张三明天去北京。（句中任一成分都可以被强调）

对比重音（Contrastive Stress）

　　张三明天去北京，不去上海。

问答重音（Narrow Scope Focal Stress）

　　张三去哪儿？张三去北京。

核心重音（Wide Scope Focal Stress/Normal Stress）

　　怎么啦？张三去北京了。

传统生成音系学认为重音是附属于某音段的局部特征，Liberman（1975：51）研究后发现，人类语言的重音遵守"相对凸显原则"（Relative Prominence Principle），即重音并不是某一音段或成分的个体特征，而是语言结构中一种相对凸显关系，"重"是相较于"轻"而言的，没有"轻"也就没有"重"。因此，轻重对比可以借助于形式句法中的双分支结构得到清晰呈现（见图 2-1）。

图 2-1　人类语言的重音遵守"相对凸显原则"

可见，没有结构则无以表现轻重，重音必须借助结构才得以彰显。这一凸显原则构成了汉语韵律句法学的理论基础。关于汉语重音的声学表现，已有研究（如 Chao，1968：29；陆致极，1984；等等）已证明除了音强，时长和调域也起着很重要的作用；王志洁、冯胜利（2006）和叶军（2008：6）认为除了调域和时长，声调调型的充分实现也是汉语重音感知的重要因素。汉语是否存在音系学意义上的词汇重音目前还存在争议：有些研究者认为不存在（高名凯、石安石，1963：68；王洪君，2008：143；刘现强，2007；等等），有些认为是左重（王晶、王理嘉，1993；端木三，1999；Lin，2001：156；等等），有些认为是右重（徐世荣，1982；林茂灿等，1984；曹剑芬，2007：275；等等），有些认为可分为左重和右重两种类型（殷作炎，1982；陆致极，1984；巴维尔，1987；王志洁、冯胜利，2006；等等）。冯胜利（Feng，1995）指出，由于现代汉语复合词多出自古汉语的短语结构，这些短语词汇化程度的差异直接导致了现代汉语复合词重音的差异。由于词的轻重会影响词汇的语体属性，核心重音则会影响述宾结构的合法性，因此，词重音和核心重音与本书的分析关系密切。

第二节　合偶动因一：双音节泛时空化语体规则

一　语体语法理论

当代语体语法学理论（冯胜利，2010a，2011，2012，2015，2021；王永娜，2010；冯胜利、刘丽媛，2020）是近年来继欧化理论、书面语理论和文体理论之后逐渐发展成熟起来的新型语法理论，是从语体角度来进行的汉语语法研究，其出发点是语体，而立足点是语法。其要点在于，语体不同，"语法"也有异，此"法"不仅关乎修辞的美丑好坏，更关乎语法的正谬对错。因此，语体语法的研究迥异于传统基于修辞的语体研究。当代语体语法理论成功揭示了语体的本质、语体的鉴别方式和正式语体的语法手段——"泛时空化"。

（一）语体的本质

冯胜利（2010a）指出，语体的本质是"实现人类直接交际中最原始、最本质属性（亦即确定彼此之间关系和距离）的语言手段和机制"，因此，语体是决定人类远近高低社会关系的各种语言手段之整体。从物理空间上看，人类的社会关系可以分为横向的远近和纵向的高低两个维度，如图2-2所示。

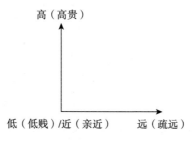

图2-2　社会关系的两个维度

水平方向的远近确定的是人与人之间亲近和疏远的交际距离，距离远则造成疏离感；而垂直方向的高低确定的是人与人之间高低和贵贱的交际距离，距离远则造成压抑感。运用不同语言手段来调节上述两类不同的交际关系会形成如图2-3所示的二维三向语体对立图。

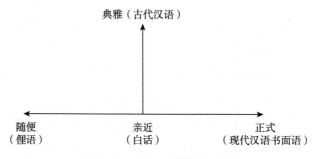

图2-3　二维三向的语体对立

水平方向共时的疏远则使用书面正式体，垂直方向历时的疏远则使用典雅的古语体，而亲近随便则用白话俚俗体。"典雅和正式都是'交际定距机制'的语体手段"，由此而形成两对语体范畴：［±典雅］和［±正式］。其中最基本的范畴是［±正式］。正式则推远距离，使用"正式严肃体"；非正式则拉近距离，运用"亲密随意体"。正式度是从共时角度调节交际距离，而典雅度则是从历时角度调节距离。"'调距'是语体机制的根源所在"，交际距离调节的不同方式既会导致语体的不同分类，也会导致同一语体内部的语体呈阶梯状分布。在后文的分析中，我们用"正式体"或"书面正式体"来指代正式体（Formal Style），用"口语体"或"日常随意体"来指代非正式体（Informal Style，Casual Style）。

（二）语体的鉴别

语体的鉴别大致有三种方法。第一种方法是依据语体出现的文体类型，表2－1列出了正式体出现的文体（Romaine，2002：521，转引自冯胜利，2010a）。

表2－1　正式体出现的文体

文体/文类	典雅	正式	俗白	随便
公务文件		+	（+）	
宗教祭祀	+	+		
国会报告		+	（+）	
新闻广播		+		
报刊社论		+		
学术/美文	+	+		
家里聊天				+
跟百姓讲话			+	
相声/曲艺			+	+
诗歌		+	（?）	

依据上述文体可以对语体做一个笼统性的判断，但由于不同

文体常常是典雅体、正式体、日常随意体甚至方言俚俗体的混杂，因此这种判断并不准确。第二种方法是依据交际三要素——交际场合、交际内容、交际对象来进行推断。如果是在厨房、卧室、厕所这些生活化的场合，与父母、孩子、配偶聊家长里短自然是日常随意体；如果是在办公室、会议室跟领导谈工作，应是正式体加随意体；若是起草办公文件，则定是正式体。不过同样，这种判断也是比较粗略的方式。比较直观而准确的判断依据，我们认为是根据韵律提供的线索，主要指语音的轻重、长短，来"按图索骥"：

a. 轻声必定是口语形式。（Feng，1995）

b. 非轻读变为轻读是书面语体向口语体转变的韵律信号（轿车—轿车儿），反之则是口语体向书面语体转变的信号（例如"台湾"从左重式变为右重式）。

c. 轻声式重叠一般为口语体（贾林华，2020），重音式AABB重叠多为书面文艺体（贾林华，2021）。

d. 单音节成词语素一般为口语形式。独立充当句法单位的半自由语素为典雅体，如"已、现、必"；充当名词根语素的半自由语素遵守"不独不体原则"（冯胜利，2015），语体待定，如"机、民"。

e. 不含轻声的双音节一般为书面语形式。双音节动词如果可以读为左重，则可用为口语体；如果读为右重，则为正式体；有的词既可以左重，又可以右重，应属于通用体。

冯胜利、刘丽媛（2020）进一步将已发现的"语体—韵律对应律"提炼为"语体原子"，如长短律、悬差律、短弱律、嵌偶律等等。冯胜利（2021）又提出汉语口语"以弱显强律"，认为汉语不像英语一样通过增重来凸显轻重，而是通过音节弱化来凸显轻重。可见，"因韵辨体"，依据韵律表现来判断语体属性，是比较直观简单、易于操作、客观性又强的鉴别方法。后面的分析中，我们会依据上面的"语体—韵律对应律"对语法单位的语体属性加以判定。

（三）"泛时空化"：正式体的语法手段

语体不同，语法规则也不同。现代汉语书面正式体有一套独立的、不同于日常随意体的语法体系。表达正式体的基本原理是用语法手段拉开正式体与日常随意体之间的距离，常用语法手段就是"泛时空化"，即"减弱或消除具体事物、事件或动作中时间和空间的语法标记"。对名词而言，其典型的时空标记是指示代词、量词、单复数、重叠等语法手段，因此对名词的"泛时空化"意味着抽取或消除这些语法手段。很多集体名词失去了"被量词限定"这一特征，"一个报刊、一本书籍、一艘船只"都是不成立的；抽象名词也往往很难用个体量词修饰，如"一个精神、一个思想"，只能用集体量词修饰，如"一种精神、一种思想"。对动词、形容词而言，"单"变"双"是其实现"泛时空化"的常用韵律手段，后文我们会对同义单双音节动词、形容词的"泛时空化"特征展开详细对比分析。

前面我们提到轻声往往是口语的韵律特征，从"泛时空化"的角度来分析，一个词从非轻读变为轻读，甚至转为轻声，不但是韵律特征的转变，也会导致很多句法特征的变化，这些句法特征常常是"具时空化"的语法手段。并不是所有的双音节形容词都可以重叠，能重叠的形容词一般是具有左重格局的词，即右音节可轻读或读作轻声；也不是所有的双音节动词都能重叠，能重叠的动词一般为具有左重格局的词。例如（"."表示后面的字读为轻声或轻读）：

漂．亮—漂漂亮亮　　　　美丽—＊美美丽丽

高．兴—高高兴兴　　　　愉快—？愉愉快快

思．考—思考思考　　　　思索—？思索思索

商．量—商量商量　　　　商榷—＊商榷商榷

双音节形容词和动词变得可以重叠，表明它们具有了量化或数量特征，这正是"具时空化"的表现，因而可以表达口语体。冯胜利（2015）指出语体属性和时空标记之间具有良好对应性：

时空度	具时空	泛时空	虚时空	超时空
语体类	口语	正式	典雅	文艺

这种对应性为我们通过"泛时空化"程度鉴别语体属性提供了有力的理论依据。我们将上述"时空化"理论概括为"时空化语体公理"：

时空化语体公理：

　　"时空化"是改变语体的语法手段。"具时空化"是口语体的语法手段，而"泛时空化"是书面正式体的语法手段。

我们后文对单双音节动词和形容词的语体分析正是基于此"时空化语体公理"。

二　汉语单双音节的语体标记功能

语言的某一形式往往对应于某一功能，同一内容的不同形式往往具有不同的表达功能。汉语单双音节在韵律形式上的差异直接导致了其语体标记功能的差异。

（一）汉语韵律的语体标记功能

韵律特征具有多方面的功能，既有语言学的，也有超语言学的（Paralinguistic）和非语言学的。从语言学角度看，韵律具有系统的组织作用，可将各级韵律单位包括音节、音步或韵律词、黏附组、韵律短语从小到大连接起来，进而组合为连续的话语。从句法层面看会涉及词、短语、小句等不同的句法层面。就词的层面而言，重音和声调具有辨别词义、区分词性的功能；就短语层面而言，重音可用来区分句法属性（端木三，1999），音节单双会影响短语的句法属性及其合法性（冯胜利，2002；端木三，1999）；就小句层面而言，语调的升降起伏及语气词的不同应用可以区分句类，表达不同态度和情感（吴宗济，1982；仲晓波、杨玉芳，1999；熊子瑜、林茂灿，2004）。可见，韵律对句法的影响是全局性的，汉语韵律所具有的语法功能已逐渐为学界所认可（冯胜利，1997，2013；叶军，2001；王丽娟，2009；潘文国，1997；沈家煊，2011；贾林华，2014a，2014b），而其语体标记功能却尚待揭示。

韵律的语体标记功能指的是，在言语交际中，人们借助声音的长短、高低、轻重等韵律手段来辨析彼此的交际关系和距离等交际信息，从而作出相应的交际反应。比如一位女老板使用不同的韵律手段来彰显不同的交际关系和距离[①]：

〈1〉a. 对玩手机不写作业的儿子说：赶快吃饭！赶快睡觉！（祈使句的降调/通俗体）

b. 对一岁的小女儿说：来，宝贝儿，咱们吃饭饭，睡觉觉。（婴儿式宾语重叠/亲昵体）

[①] 据冯胜利 2012 年在"第四届中青年学者汉语教学国际研讨会"上的发言编拟，改动较大。

  c. 对老公说：吃饭吧，睡觉吧。（加上语气词，平
   调/友好体）

  d. 对员工说：吃什么饭？睡什么觉？统统加班！
   （反问句的降调/命令体）

在这里，听话人依据语调调型的升降起伏、调域的伸缩变化及重
叠、轻声、语气词的不同搭配等韵律信息来辨别说话人试图传达
的交际意图——是拉近两者的关系还是推远双方的距离，从而为
语体判断提供线索，这就是韵律的语体标记功能。

  轻声、轻读或可轻读、重叠、音节的单双及其组配等都是汉
语韵律的表现形式，这些形式都可以作为判定语体的韵律线索。
前面我们提到的五条"语体—韵律对应律"正体现了韵律的语体
标记功能。

（二）汉语单双音节的语体标记功能

  汉语单双音节具有语体标记功能，虽然单双音节的语体标
记功能不是一一对应的线性关系，但其中的规律也是有章可循
的。据郭绍虞（1938）及黄丽君、端木三（2013）等人的研
究，汉语是一种具有高度弹性的语言，表现在汉语存在大量单
双音节同义词。端木三等人的研究表明，普通文体中81%的名
词、74%的动词、61%的形容词具有单双对应两种音节形式。
假如这一统计是真实的，我们推测，这种普遍的单双音节的对
应性应分别对应于不同的语言功能。一般而言，单音节动词和
形容词如果可以重叠，则属于日常随意体词汇；如果不能重叠，
则为非口语体词汇；双音节动词和形容词，如果可以重叠，则
为日常随意体词汇，如果不能重叠，则为非口语体词汇。对于
由重音节组成的双音节谓词而言，它们一般不能重叠，属于正
式体或典雅体词汇。据张正生（2005）对出现于不同语体的单

双音节的统计，单音节在口语中出现频率为 74.6%，而双音节仅为 24.2%；双音节在政论文中出现频率为 74%，而单音节为 17.2%。据孟子敏（2013）对中国 1997～2011 年共 15 年的《政府工作报告》中的词语的调查统计，双音节词占了 75%，而单音节词仅占 6.9%。这两组统计对双音节轻声或轻读与否未加区分，我们推测，假如对轻重音节加以区分，由重音节组成的双音节词在书面语中出现的频率应更高。

那么，为什么汉语单双音节会具有不同的语体标记功能？或者可以这么问：为什么单音节动词和形容词成词语素一般用于日常随意体，而重音节组成的双音节动词和形容词常用于正式体？我们认为可以用"泛时空化"来解释。前面我们说过，表达正式体的基本原理是用语法手段拉开正式体与日常随意体之间的距离，常用语法手段就是"泛时空化"，即减弱或消除具体事物、动作、状态所具有的时间、空间语体标记。对动词而言，"泛时空化"指的是将动作发生的具体时体、地点、数量、方式、工具、结果等细节要素抽掉；对形容词而言，"泛时空化"指的是将某种状态或性质所具有的数量、程度、结果等具体要素抽掉，最终达到抽象化。我们认为双音节动词和形容词借助"泛时空化"的手段达到了表达正式体的目的。

1. 双音节动词的"泛时空化"

首先，我们可以通过对比同义单双音节动词的差异来分析双音节动词的"泛时空化"特征。同义单双音节动词的对比是一项复杂的工作，李临定（1990），程娟、许晓华（2004），刘智伟、陈绂（2005），刘智伟（2007）等已开展过相关研究。一个单音节动词往往会对应多个双音节动词，比如《现代汉语词典》（第 6 版）中单音节词"改"可以对应"改变、更改、修改、改正、改革"等五个双音节动词，"埋"可以对应"埋葬、埋没、埋伏、埋设"等四个双音节动词，如果加上不含同一语素的同义词就更多了。我们不拟展开对同义动词的全面对比，只挑选"找—寻觅""丢—丢失"两组来比较它们的"具时空性"和"泛时空性"，主要从动词的宾语搭配对象、数量特征（能否重叠）、时体特征等三个方面来对比。我们的第一个假设是：动词越是容易与抽象名词搭配，越具有"泛时空性"；越是容易与具体名词搭配，越具有"具时空性"。据陈平（1988）和李宇明（1996）的研究，空间性是典型名词所具有的特征，所谓空间性指占据一定的物理空间，具有大小、高低、厚薄、聚散离合等视觉可见的特征，判断其空间性的标准在于是否可与量词搭配使用：能与个体量词搭配的，则空间性最强；只能跟种类量词搭配的，空间性最弱。空间性强的名词即为具体名词，空间性弱的名词即为抽象名词。因此，假如名词"精神、爱情、工作、朋友"有下列搭配组合：

个体量词：

*一个精神　*一个爱情　一个工作　一个朋友

种类量词：

一种精神　一种爱情　一种工作　一种朋友

"精神"与"爱情"只可以与种类量词搭配，属于空间性最弱的名词；"工作"和"朋友"则还可以与个体量词"个"搭配，空间性强于前两者。那么，我们可以断定它们的抽象度序列为：精神/爱情＞工作/朋友。单双音动词组"找—寻觅""丢—丢失"与上述名量短语搭配的情况如表 2-2 所示。

表 2 - 2　"精神/爱情"与"工作/朋友"的句法组配差异

	一种精神	一种爱情	一个工作	一个朋友
找	+	+	+	+
寻觅	+	+	-	-
丢（了）	+	+	+	+
丢失	+	+	?	?

表 2 - 2 中，双音节动词"寻觅""丢失"与抽象度高的名词短语搭配没有问题，与具体名词短语则不能搭配或搭配受限；而单音节动词"找""丢"则与具体名词和抽象名词都可以搭配使用。根据上文"越是容易与具体名词搭配，越具有'具时空性'"的假设可知，双音节动词"寻觅""丢失"的"具时空性"弱于对应的单音节词。我们的第二个假设是，动词越是容易具有典型的 ABAB 重叠式，越是具有数量特征，则越具有"具时空性"。上述两组动词，单音节重叠都成立：找找、丢丢。（例如："有本事你们告啊，我们顶多丢丢人。"）但是双音节动词的重叠"寻觅寻觅、丢失丢失"则不成立，因此可以推知，"寻觅"和"丢失"的具时空性弱于对应的单音节词。我们的第三个假设是，由于时间性是动词的典型特征，动词越容易在时间序列上展开其进程，则其具时空性越强，如表 2 - 3 所示（空白表示不作为比较项）。

表 2 - 3　"找/寻觅"与"丢/丢失"的句法组配差异

	正在（　）呢	（　）了一会儿	从来没（　）过
找	+	+	+
寻觅	-	-	-
丢		+	+
丢失		?	+

表 2 - 3 中，单音节动词除了"丢"受语义的限制外，均可

用于上述时体结构中；双音节动词"寻觅"不能用在上述表示时体的结构中，"丢失"则具有选择性，可用于"丢失了半年"这样的句子中，但"丢失了一会儿"则合法性存疑。整体来看，双音节动词的时间特征弱于单音节，因此相应地其"具时空性"弱。

通过上面的对比，我们发现双音节动词与空间性强的具体名词短语搭配受限，其数量特征、时间特征也都弱于对应的单音节词。可以认为，音节增加的过程也是动词时空特征弱化的过程；而动词时空特征弱化的过程，也是与交际的现实物理距离或心理距离拉大的过程，从而达到表达正式体严肃的交际目的。

应当指出，"单"变"双"这一韵律手段在实现动词"泛时空化"的程度上因条件不同而呈现出差异，可以说是渐变的连续统。这一连续统程度最重的一端就是双音节动词彻底变成了名词，实现了转指，例如"编辑、领导、领袖、教授"等等；最轻的一端可能是某些单音节动词诸如"他的哭"中的"哭"由于处于特殊句法位置而导致动词典型时空特征的临时丧失。"双音节韵律形态"使汉语动词变成动名词只是这一连续统中的一个阶段。同时，句法位置和语音特征的差异也会导致双音节词语体属性的差异。前者如后文第六章将会谈到的"编写教材—教材编写—教材的编写—对教材进行编写"等四种对比结构中，同一双音节词"编写"由于句法位置的差异在语体上呈现出四个等级的正式度。后者如：

正式度 Ⅰ	正式度 Ⅱ
命令	责令
请求	恳求
使得	致使
禁止	严禁

在上述语体互补分布层级中，不但同义双音节动词"命令—责令、请求—恳求、使得—致使、禁止—严禁"处于不同的正式级别，甚至同一双音节词在语言环境不同时语体也不同。"命令"读为左重时，可用于口语体；而读为右重时，用于书面体。"禁止"原来只读右重，仅用于正式体，但现在随着使用频率的提高，也可读为左重，正式度就会下降。因此，我们既要承认"单"变"双"具有不同的语体功能，同时也不应忽视双音节动词内部的语体差异。

2. 双音节形容词的"泛时空化"

现在我们转向对形容词的分析。双音节形容词又是通过怎样的方式实现"泛时空化"以达到表达正式体的目的呢？形容词最大的特征是程度特征。这一特征可以表现在多种句法结构中，例如能否被程度副词修饰、能否重叠、能否进入"A 比 B"的框架。我们的假设是：越是不能重叠、不能进入"A 比 B + 数量词语"的形容词，其数量特征越是模糊，因而越不具有具体性，越是实现了"泛时空化"。我们对张慧芳（2007）所收集的 185 对含同一语素的同义单双音节形容词逐一进行重叠测试，发现在 151 个形容词语素里，除去 13 个不自由语素如"和、安、旱、温、枯"等以外，有 10 个单音节词不能重叠，即"横、富、疯、惨、浑、精、净、狂、冤、痛"，重叠率为 93%。185 个双音节形容词中有 31 个可以有 AABB 式重叠，比如"安定、安宁、安稳、长久、纯粹、粗大、凄惨、和睦、奇怪"等，重叠率为 17%。很显然，在同义单双音节形容词对比组中，双音节形容词比单音节形容词的重叠率低很多，其数量特征被大大弱化了。我们选取数量特征特别突出的 6 个单音节词"矮、大、老、慢、贵、胖"与其对应的同义双音节词"矮小、巨大、古老、缓慢、昂贵、肥胖"等，套入"A 比 B + 数量词语"的框架进行测试，发现后者很难进入这一格式：

〈2〉 矮—矮小：A 比 B 矮 5 厘米。

　　　　　＊A 比 B 矮小 5 厘米。

　　大—巨大：A 比 B 大 10 平方米。

　　　　　＊A 比 B 巨大 10 平方米。

　　老—古老：A 比 B 老 10 岁。

　　　　　＊A 比 B 古老 10 岁。

　　慢—缓慢：A 比 B 慢 10 分钟。

　　　　　＊A 比 B 缓慢 10 分钟。

　　贵—昂贵：A 比 B 贵 600 元。

　　　　　＊A 比 B 昂贵 600 元。

　　胖—肥胖：A 比 B 胖 3 公斤。

　　　　　＊A 比 B 肥胖 3 公斤。

上述双音节形容词已经丧失了原有单音节形容词所具有的进行具体数量比较的功能。这说明，音节数量增加的同时，其具体性减弱了，抽象度增强了。

陈宁萍（1987）曾用"有 +（　）"和"所有格名词 +（　）"框架来验证汉语双音节形容词的名词化，他举的例子是（后面的对比例为笔者所加，为方便对比稍作修改。下加点表示名词化的形容词）：

〈3〉 a. 真希望我生活得没有烦恼。

　　＊真希望我生活得没有烦。

　　b. 具体做起来有很多困难。

　　＊具体做起来有很多难。

　　c. 不仅有风吹草低现牛羊的高远。

　　＊不仅有风吹草地现牛羊的高。

　　d. 他没有半点儿痛苦。

　　＊他没有半点儿苦。

〈4〉　a. 我无法掩饰自己的感慨。

　　　b. 我想你会原谅他的冒失与失礼。

　　　c. 说学校的意思是为了学生的健康。

同义的单音节形容词却不能够进入上述框架。双音节形容词在这一框架中，不再表示事物的具体性质和状态，而转指一种抽象的名词性事物。形容词原有的表示事物的动态性特征、程度化特征的功能被抽掉了，转而成为一种静态的指称。这些都说明，音节增加为"双"是形容词实现"泛时空化"的韵律手段。在这一点上，形容词与动词的韵律手段是一致的。

三　双音节泛时空化语体规则

综上所述，至少对汉语的动词和形容词而言，音节增加为"双"是削弱具时空性、拉大与现实的距离，从而达到表达正式体的韵律手段。因此，基于"时空化语体公理"，我们有下述"双音节泛时空化语体规则"：

双音节泛时空化语体规则：

　　单音节变为双音节是汉语词汇"泛时空化"的韵律手段，同时也是口语体升级为书面正式体的韵律手段。

对于合偶词为什么在正式体中必须为"双"，"双音节泛时空化语体规则"正是动因之一。

第三节　合偶动因二：双音节韵律形态语体规则

一　韵律形态规则

双音节动词的跨类现象很早就引起了学者的注意。继 20 世纪五六十年代（朱德熙等，1961）"名物化"的大讨论之后，朱德熙（1985）、陈宁萍（1987）、张国宪（1989）等先后讨论了双音节动词所具有的名词性。冯胜利（2007，2009）首次从韵律形态的角度来解读双音节动词名物化问题，提出"双音节韵律形态假说"：双音化是单音节动词变成名词或动名兼类词的韵律形态标记。沈家煊（2011：8）也认同双音化是一种形态手段或者说"准形态手段"，但未加详细论述。

　　西方传统语言学所指的"形态"是指借助加缀、元辅音替换、重叠等音段手段和重音、音节长度调整等超音段手段改变词的语法性质。就动词而言，一般分为派生形态和屈折形态两种。

　　英语派生形态：behave-behavior，write-writer，bake-bakery

　　英语屈折形态：do-does-did-done-doing，write-writes-wrote-writing

　　派生形态通过加缀改变词类，屈折形态则不改变词类而改变词的句法性质。汉语虽然没有系统、丰富的形态，但是也可以用"们"表达复数，用"着、了、过"表达动词的体、态，用重叠表达尝试、程度加深或小称义。根据冯胜利的"双音节韵律形态假说"（冯胜利，2007），双音节也是一种形态，只不过印欧语系的形态更多借助于加缀、变换元音和辅音等音段手段，而汉语则借助改变音节长度这种超音段手段，把单音节动词变成双音节动名词或动名兼属，例如：

　　　　＊教材编—教材编写　　　＊教材的编—教材的编写
　　　　＊事故查—事故调查　　　＊事故的查—事故的调查
　　　　＊汽车租—汽车租赁　　　＊汽车的租—汽车的租赁

从上面的对立可以看出，单音节动词无法与双音节名词组合为定中结构的名词短语，而只有双音节动词才有资格作为定中结构的核心词，从而变成动名词（deverbal noun）或动名兼类。这一规律可以概括为：

双音节韵律形态假说

　　$V \rightarrow N/V/\ [\ \ ]_{\sigma\sigma}$ 一个动词要名词化，必为双音节。（冯胜利，2009）

王丽娟（2009）进一步以名词、动词为例证明了"双音节韵律形态假说"。她提出动词变成名词有两种韵律手段，一是加缀法，二是复合法，两种手段都可以造成双音节。例如：

　　a. 加缀法：

　　画—画儿　　　　　探—探子　　　　　逛—逛头

　　绘画—*绘画儿　　打探—*打探子　　逛街—*逛街头

　　b. 复合法：

　　讲问题—问题讲解　写论文—论文写作　下文件—文件下载

上述各例中，单音节动词"画、探、逛"等加上词缀变成双音节后成为名词，而三音节的"绘画儿、打探子、逛街头"则不成立，这说明双音节是动词变为名词的韵律形态条件。

二　双音节韵律形态语体规则

王丽娟对名词、动词的分析完善了"双音节韵律形态假说"。但仍有一个问题没有解决，那就是动词名物化的两种手段中，"加缀法"和"复合法"是否有语体使用的差异？"加缀法"的词缀一般都是轻声的，根据上面所说"轻声必定口语"的语体辨别规则，初步推知"加缀法"导致的名物化例如"盖—盖儿、探—探子"应用于日常随意体中。"复合法"通过增加一个音节复合实现名物化，例如"编—编写、查—调查"。王丽娟论文中没有提到"复合法"名物化中新增单音节是否包含轻声，我们这里假定不包含轻声，也即是两个重音节形式。在这一前提下，我们讨论由单到双是否实现了语体的转换，具体说就是新生的双音节词是否适用于正式体。王永娜（2010：24）指出，韵律形态也是汉语书面正式体的语法手段，但是对这一形态究竟如何表达正式体没有详述。实际上，我们认为，汉语动词不仅通过增加音节实现了变"性"，同时亦如我们上文论证过的，双音节通过增加音节还实现了变"体"，即从日常随意体变为正式体，因为从动词变为名词，也就是从陈述义转变为指称义，需要剥离或抽象掉动词原有的典型的时空特征，如时体特征、数量特征等，这一"去具体化"的过程，也是正式体的语法手段。因此，名物化所需的"双音化"手段也是动词"泛时空化"的韵律手段，变"性"和变"体"是同一种韵律手段相互依存的两种语法结果。在下面的论证中，我们将进一步提出，合偶词在正式体中必须合偶的动因之一是，只有满足双音节这一韵律形态，才能使双音节动词变为动名词，从而在变"性"的同时促发变"体"。"双音化"也是正式体的韵律手段。我们提出下面的规则：

双音节韵律形态语体规则：

　　双音节韵律形态不仅是动词名物化的韵律手段，也是其语体正式化的韵律手段。

后文我们会看到，轻动词述宾合偶结构、主谓合偶结构、定中合偶结构的合偶动因之一就是"双音节韵律形态语体规则"。

第四节 合偶动因三：正式体合偶规则

一 正式体合偶规则

我们在前面两节论证了"双音节泛时空化语体规则"和"双音节韵律形态语体规则"，这两个规则阐明了双音节是表达正式体的韵律手段。双音节词进入句子后，部分双音节词还进一步受制于正式体合偶规则：

正式体合偶规则

有些由重音节组成的双音节词，在现代汉语正式体的某些句法结构中，必须与另一双音节词合偶使用；而在口语体、通体或文言语境中，则无须遵守这一规定。

上述规则包含了韵律、句法、语体三方面的制约。首先是韵律制约，合偶词的双音节均为重音节；其次是句法条件，仅在某些句法结构中；最后是语体条件，仅限定于现代汉语书面正式体中。满足这三个条件，这个双音节词强制与另一个双音节词合偶使用。下面，我们用四类语体互补分布的词语证明，合偶只是现代汉语书面正式体的要求。脱离这一语体语境，在口语体、通体或文言体中并无此种强制性。

第一类，为正式体而生的专用双音节。现代汉语中存在一批书面正式体专用双音节词，包括400余个轻动词合偶动词，如"重行、加以"等进行类动词、"遭受、蒙受"等遭受类动词、"造成、获致"等致使类动词，以及近200个句法合偶词，如"大获、深信"。它们仅用于正式体中，且必须合偶，不可用于日常随意体。

第二类，正式体须"双"、文言体可"单"的双音节词。包含文言语素的某些双音节词，如"略觉、无以"等，在现代书面正式体中，必须合偶；但进入文言语境，则可以配单。例〈1〉中"略觉"在文言中可"配单"，在现代汉语正式体中则必须"配双"。这说明"配双"是正式体的语体要求。

〈1〉a. 庚寅年，余丞浦江，三月间近午日，色**略觉**昏，意谓日蚀，外看山林屋宇，皆成青色。

b. 史都华因身高步履大而**略觉笨拙**，因口吃拖腔而语速迟缓，这恰与他的角色契合无间，形成了独特的表演风格。

第三类，正式体为"双"、口语体可"单"的双音节词。有些双音节词，在正式体中必须与另一个双音节词合偶使用，但在日常随意体中则可配单。如例〈2〉〈3〉中名词作状语的双音节词"全文"和动词作状语的双音节词"联手"，在新闻报道这种正式体中，必须与双音节词搭配使用；而当我们降低语体的正式度，在微博、日常会话中使用时，两者则可以配合单音节词使用，这说明"配双"是书面正式体的要求。

〈2〉a. 经厦门市人大常委会决定，《厦门日报》[全文刊登]《厦门市城镇房屋管理条例》。

b. 经厦门市人大常委会决定，《厦门日报》[＊全文登]《厦门市城镇房屋管理条例》。

c. 把他的长篇（微博）[全文贴] 了出来。

d. 建议 [全文播]！

〈3〉a. 广东、湖南两省去年底采取措施，[联手救助]被拐骗到羊城的湖南卖花女童。

b. 广东、湖南两省去年底采取措施，［＊联手救］
被拐骗到羊城的湖南卖花女童。

c. 你们竟敢［联手骗］我？

d. 所以你们就［联手宰］我。

第四类，正式体须"双"、通体可单可双的双音节同义词。有些双音节同义词，在语体方面有了显著分工，形成了语体的互补分布。例如"业已—已经""愈加—更加"的对立中，"业已""愈加"仅用于正式体，必须合偶；而"已经""更加"用于通体，后面接单双音节词均可。

书面正式体	通体
业已完毕—＊业已完	已经完毕—已经完
愈加快捷—＊愈加快	更加快捷—更加快

综上说明，合偶只是书面正式体的要求，而日常随意体和文言体则没有这一硬性规定。这一"双配双"可视为正式体的一条语法规则。

这不禁使我们发问：为什么有些双音节词在正式体中只能"配双"，在日常随意体就可以"搭单"呢？换句话说，为什么［2＋2］组配适用于正式体，而［2＋1］组配适用于日常随意体呢？显然，除了单、双音节词本身的语体属性，韵律组配［2＋2］、［2＋1］本身也具有超越于构成要素之上的"构式"的语体属性。

二　［2＋2］组配的语体属性

［2＋2］组配的语体属性与其韵律特征密切相关。首先，与具有"悬差性"的三音节［1＋2］、［2＋1］、［1＋1＋1］组配相

比，［2＋2］具有先天的韵律平衡性，适宜于表达庄重典雅；其次，与左重型、中轻型的［2＋2］组配相比，由重音节组成的［2＋2］右重型稳重整饬，可以表达书面正式体。

（一）［2＋2］组配的韵律平衡性

汉语音步组合遵守"标准音步优先律"和"自然音步右向律"两大基本规则。石基琳（Shih，1986：105）从三声变调域的角度、冯胜利（1998）从汉语自然音步（Default Footing，不受语义、句法、语用、语境影响的音步组合）的角度论证了汉语单音节不成音步，至少需要两个音节才能组合成最小的音步（见图2－4）。

图2－4　双音节音步是最小音步

最小音步是汉语的基础音步，也是标准音步（用"f"表示）。标准音步的组合具有优先性，语流中句法上直接相关的相邻双音节成分总是优先组合为标准音步，只有先完成这一步，才可进行其他音步操作，这一规律我们称之为"优先律"，这一规律的类推作用甚至使两个非直接句法成分的单音节组合成标准音步。冯胜利（1998：43）在分析汉语自然音步特点的时候，提出"音步实现方向"（Directionality of Rule Application）的概念，把从左边算起的音步叫作"右向音步"，反之则叫"左向音步"。在不受句法和语义影响的组合如并列结构或音译外来词中，音步总是从左至右顺向组合，我们称之为"右向律"。"优先律"和"右向律"是制约汉语音步组合的两大基本规律，是我们分析四音节［2＋2］韵律结构的基础。

四音节［2＋2］韵律组合的显著特征是平衡性，所谓平衡性是指，在［2＋2］组合内部，每两个音节组合为一个标准音步，两个标准音步再进一步组合为复合标准音步（用"F"表示，冯胜利，1996）。每个音步内部音节数量相等，音步重量相当，因而韵律结构稳重平衡（见图2－5）。

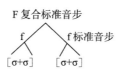

图2－5　复合标准音步

与之相比，三音节音步是非平衡的音步。三音节组合虽然包括［1＋1＋1］、［1＋2］、［2＋1］三种类型，但由于单音节不成音步，且自然音步组合遵循"右向律"，［1＋1＋1］的结构在韵律上最终也表现为［2＋1］。"优先律"会导致双音节先组合，这样就会剩下一个没有归入标准音步的"流浪音节"。这一流浪音节常依附于一个双音节音步，形成"超音步"（我们用"f'"表示，见图2－6）。

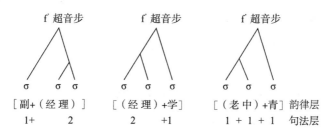

图2－6　三音节组成的超音步

超音步的特征是"悬差性"，即由于构成音步的内部音节为［奇＋偶］组合或［偶＋奇］组合，所以韵律重量表现为［轻＋重］或［重＋轻］，难以维持平衡。具有这种悬差性的不仅是三音节组合，四音节的［1＋3］或［3＋1］组合也具有类似的特点（我们用"F'"表示这种超音步，见图2－7）。

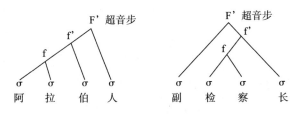

图 2 - 7　四音节组成的超音步

　　图 2 - 7 中的"阿拉伯人"和"副检察长"两例，分别先根据"自然音步右向律"和"标准音步优先律"组合为标准音步 f，然后直接成分内剩余的一个音步贴附到 f 上形成第一个超音步 f'，最后再把剩余的一个单音节核心成分贴附到 f'上形成更高一级的超音步 F'。这种通过两次单音节贴附形成的超音步，修饰成分与核心成分音节数量不对等，形成了［重＋轻］和［轻＋重］的重量格局，因而是失衡的悬差结构。

　　语体的本质在于通过语言手段调节人们之间的交际关系，正式体所要体现的是交际关系的秩序感，上下级之间须遵守不同的等级秩序；而口语体则相反，它需要解除这种等级秩序，追求交际的随意平和。这种交际追求表现在语言手段上，就是正式体要用整饬平衡的节奏来体现交际双方的等级秩序，塑造庄严肃穆的交际氛围，所以［2＋2］组配就成为实现这种交际目的的适宜之选；而口语体则相反，需要具有悬差特征的三音节组合以营造随意放松的交际气氛。汉语惯用语多为三音节的悬差结构，例如"拍马屁、走后门、马后炮、耳边风"为［1＋2］和［2＋1］的韵律组配，它们经常被用于非正式的口语体中；而多数四字格成语则多用于书面正式体中。

（二）［2＋2］组配的重音类型及语体属性

　　在［2＋2］音节内部，存在左重型、右重型、中轻型三种不同的韵律组配，虽然整体而言都具有平衡性，但却具有不同的节奏类型，由此造成了相应的语体差异。所谓"右重型"指的是

［2＋2］的各个音节均为音系学意义上的重音节（Stressed Sylla-bles），即包含两个韵素的声足调实的完整音节，两个音步的次音节重；所谓左重型指的是两个音步的次音节为轻音节，如"已经干完"；所谓中轻型指的是中间两个音节轻、末音节重的组配类型。如图 2－8 所示（s＝strong，w＝weak）。

图 2－8　　［2＋2］组配的重音类型

冯胜利（1997/2009：56）指出，四字格具有不同的重音模式。有的如"胸有成竹、赴汤蹈火"，每个音节都声足调实，属于［轻中轻重］重音类型，即我们这里的"右重型"；有的包含有轻声，如"稀里糊涂、乱七八糟"，属于［中轻轻重］型，属于我们所说的"中轻型"。冯胜利指出前者用于正式体，后者则用于口语体。四音节还有一种情况是左重型，例如"整理起来、已经干完"，每个双音节词的次音节轻读或轻声，这种类型显然属于口语体。

冯胜利（2021）进一步提出，［2＋2］组合成的复合韵律词（Compound PrWd）与律诗具有同样的"停顿"节奏：第一个音步后有间歇性的"停"，而第二个音步后由于延宕形成了"顿"，"顿"相当于插入了一个空拍，使得次音步重于首音步。如图 2－9 所示。

显然，相较于左重型和中轻型，右重型［2＋2］四个音节均为重音节，更加稳重整饬，更适宜表达正式体严肃的话题。

本节我们尝试论证了汉语单双音节的语体标记功能、右重型［2＋2］合偶结构的语体属性，从而证明了现代书面汉语"正式体合偶规则"。所有的合偶结构，包括述宾结构、状中结构、主谓结构、定中结构，均受制于这一规则。

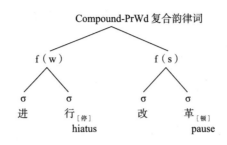

图 2 - 9　右重型［2 + 2］的"停"与"顿"

第五节　合偶动因四：核心重音规则

核心重音是汉语韵律句法学的主要内容。所谓核心重音，指的是将一个句子作为整体信息来回答时所表现出来的重音，又叫正常/普通重音（Normal Stress）。一般可以用"怎么回事"（what happened）的提问来进行测试。例如：

〈8〉A：怎么回事？

　　　B：他把一个花瓶打碎了。

答句"他把一个花瓶打碎了"作为整个信息的焦点出现，这时候产生的重音就是核心重音。人类语言普遍受到核心重音的制约，英语、德语、汉语核心重音的表现形式各不相同。英语句子一般遵守重音居后的规则（Chomsky & Halle，1968），"重型名词短语后置"（Heavy NP Shift）就说明了这一点。韵律学家 Liberman 和 Prince（1977：257）依据前述"相对凸显原则"将英语的核心重音规律概括如下。

In a configuration $[_c A\ B_c]$, If C is a phrasal category, B is strong.

（对于结构 $[_c A\ B_c]$，如果"C"是一个短语，那么B重。）

因此，英语句子的核心重音落在最后一个短语中最右边的词汇性成分上。意大利语的核心重音也遵守右重原则（Cinque，1993：242）。德语的核心重音与英语和意大利语不同，Zubizarreta（1998：56）将其概括为："给定两个句法节点 C1 与 C2，若 C1 和 C2 具有选择性词序关系，那么其中较低的一个获得较重的重音。"关于汉语句子的重音，赵元任（1979：23）认为一般居后："实际上，在没有中间停顿的一连串的带正常重音的音节中……最后一个音节最重。"冯胜利（Feng，1995）指出汉语的核心重音虽然跟英语一样都居后，但英语的重音范域是句中最后一个短语，重音落在该范域内的词汇性成分上；而汉语的重音范域由句中最后一个动词和它的补足语（Complement）共同构成，动词把核心重音指派给其补足语。他（2005：200）进一步将这一规律抽象为基于管辖（Government）关系的核心重音规则（G-NSR）："给定两个句法节点 C^1 与 C^2，若 C^1 和 C^2 具有选择性词序关系，那么其中较低的、为选择者直接管辖的一个获得较重的重音。"我们用句法树表示（见图 2 - 10，其中，W = weak，S = strong）。

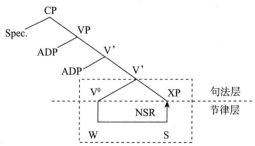

图 2 - 10　汉语核心重音范域（Nuclear Stress Domain）

图 2 - 10 中节点 C^1 与 C^2 具体指的是管辖者 V^0 及其被管辖者 XP，XP 指的是动词后的宾语或一般所谓的补语，句子最后一个动词 V^0 和其补足语 XP 共同构成重音范域，核心重音由 V^0 指派给 XP。因此，"他把一个花瓶打碎了"与"他打碎了一个花瓶"两个句子，前者的核心重音由动词"打"指派给补语"碎"，后者则由动补复合词"打碎"指派给宾语"一个花瓶"。重音范域是核心重音规则中非常重要的概念。从图 2 - 10 我们可以发现，只有句中最后一个动词及其补足语构成的范域才是核心重音范域，其他动词短语都不是。当动宾结构不处于重音范域，而是句子的修饰性成分或主宾语成分时，常常不受核心重音的管制。例如：

〈9〉? 他们在一起经常朗读诗。

经常朗读诗有助于培养孩子的韵律感。

经常朗读诗的孩子会有较好的韵律感。

"朗读诗"这一动宾结构只有在处于句子的谓语位置，即重音范域时，才受到核心重音规则的筛查；而当处于主语或定语位置时，即非重音范域时，则不必接受核心重音的筛查。

还须指出的是，一般而言，汉语核心重音只适用于句子的基本结构，主谓宾补是句子的基本成分，而定状是附加成分。有附加结构的句子，核心重音是否仍然发挥作用要视情况而定。当句中出现了局部的强调性窄焦点时，核心重音作为宽焦点就会消失；当句中没有特别的窄焦点时，则可依据核心重音判定。汉语核心重音作为宽焦点一般不能与窄焦点同时存在，例如问句"谁去上海"中，句末的核心重音会消失，让位于窄焦点的问答重音；而在这种情况下，意大利语可以通过主语后移至核心重音位置达到两者的和解（Zubizarreta，1998：136；Vieri，

2005)。

另外，核心重音一般只适用于句子的词汇性成分，功能性成分像代词"我、你、他"或者虚指意义的"人"、体标记助词"着、了、过"、结构助词"的、地、得"一般不接受核心重音，它们被称为"韵律隐形成分"。语气词也不参与核心重音的指派。可见，核心重音是在句子生成基本结构、尚未附加修饰性成分和功能性成分之前便发挥作用的。正因如此，它又被称为无值重音（Default Stress）。汉语核心重音规则有严格的施用范围，在研究韵律句法现象时须密切注意这一点。

核心重音已经被用来解释汉语大量的句法现象，比如动词后只能接一个重读成分（Feng，1995），把字句和被字句的动词不能挂单（冯胜利，1997），动宾［2＋1］结构一般不成立（黄梅，2015），动补结构中补语的长短问题（董秀芳，1998），嵌偶词的句法分布（黄梅，2008，2012），等等。当合偶词在述宾位置时，恰好处于核心重音作用的范域内，也会受到核心重音的制约。因此，核心重音将成为我们解释合偶动因所依据的原理之一。不过，从语体角度看，对核心重音的研究仍存在一个空白区，即在不同语体中，核心重音的实现方式是否相同？这一问题仍有待解决。

第六节　双音节模块优先律

人类语言普遍受到韵律模块（Prosodic Template）的制约。所谓模块指的是具有固定形式特征的韵律组合，最小词（Minimal Prosodic Word）就是这样一种常见的韵律模块，很多语言的称谓受到最小词的制约：

〈10〉 Yupik 语：（Woodbury，1987）

全名	绰号
Aŋukagnaq	Aŋ，Aŋuk
Cupel：aq	Cup，Cupel
Nupigak	Nup，Nupix/Nupik
Qakfagakagia	Qak，Qakef，＊［Qakfag］

德语：（Downing，2006：4）

全名	略称
Gabriele	Gab（i）
Waldemar	Wald（i）
Gorbatschow	Gorb（i）
Trabant	Trab（i）

日语：（Poser，1990）

姓名	昵称
ti	tii-căn
šuusuke	šuu-căn
yoosuke	yoo-căn
taizoo	tai-căn
kinsuke	kin-căn

Yupik 语的绰号遵守最小韵律词的规则，可以是一个重音节 CVC，也可以是右重的双音节音步，违反这一最小模块的"＊Qakfag"就会变得非法。德语的略称则遵守最小是双音节的韵律限定；如果末尾的词缀"i"不计入，则最小是一个重音节。日语的昵称则一律是双莫拉 CVV 音步。汉语的称谓最小须是双音节，例如"老王—小王—＊王"。这些缩略语均受到韵律模块——最小词的制约。此外，重叠构词、Yawelmani 语和闪族语的"根－式构词"（Root-and-Pattern Morphology）等现象都受到最小韵律模块的制

约。McCarthy 和 Prince 建立的韵律构词学正是要研究语言中的构词现象是如何受制于韵律模块的。他们提出三条基本原则。第一，韵律构词假设（Prosodic Morphology Hypothesis）：韵律模块必须用真正的、层级性的韵律单位——莫拉、音节、音步、韵律词等来定义（而非传统线性音系学中孤立的音段）。第二，模块满足条件（Template Satisfaction Condition）：模块制约条件必须得到满足，这种满足须遵守普遍的或语言个体的韵律原则。第三，韵律界取（Prosodic Circumscription）：某些形态的运作除受构词规则约束外，还受韵律规则约束。韵律构词学理论基于下列韵律层级和音步双分规则（McCarthy & Prince，2007：283 – 285）：

PrWd （Prosodic Word，韵律词）

Ft （Foot，音步）

σ （Syllable，音节）

μ （Mora，韵素）

图 2 – 11 韵律层级

音步双分规则：音步必须是双分的，包括双音节音步和双莫拉音步。
（Foot Binarity：Feet are binary under syllabic or moraic analysis）

根据以上韵律层级，一个韵律词必须至少包含一个音步；而根据音步双分规则，每个音步至少包含两个音节或韵素。因此可以推出，最小的韵律词必须至少包含两个音节或两个韵素，这就是所谓的最小词。所以上述德语、日语等的缩略语必须遵守最小词的模块制约条件。功能性成分如代词、介词常常不遵守最小词条件。

冯胜利（Feng，1995）以 McCarthy 和 Prince 的理论成果为依据建立了汉语的韵律构词学。根据以上韵律层级，在汉语中，韵素构成音节，音节再构成音步，音步进而实现为韵律词。前两者是构成关系，后者是实现关系。根据以上音步双分规则，汉语的最小标准音步是双音节音步，单音节只在特殊条件下可以构成残音步（Degenerate Foot），标准音步可以跟其邻近的单音节直接成分构成超音步（Super Foot）。一般情况下，标准音步具有优先实现的权威性，语句总是在完成标准音步的组合后再进行其他层次的组合。标准音步直接实现为标准韵律词，也就是汉语的最小韵律词。我们将双音节音步优先组合概括为下述规则。

双音节模块优先律：

　　语流中双音节音步往往先于残音步、超音步优先组合。

　　冯胜利还指出，汉语的双音节复合词首先是一个韵律词，语流中的两个音节由于双音节音步的作用而组合为临时韵律词，随着使用频率的提高而逐渐凝固为固化韵律词，固化韵律词最终变成新的复合词。因此，韵律词并不总是词，可能是临时组合成标准音步的短语或正处在固化过程中的双音节短语。本书收录的194 个尚未完全词汇化的句法词，实质正是韵律词；这些句法词的形成，有赖于上述汉语双音节韵律模块的制约规则。

　　两个标准韵律词可以进一步组合为复合韵律词，如图 2 – 12 所示。

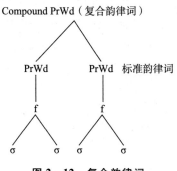

图 2 – 12　复合韵律词

同样的，复合韵律词也是从韵律角度定义的复合词，既包括像四字格成语那样固化了的复合韵律词，也包含临时组合的短语结构，还包括定中复合词。假如进一步推测，似乎应该有三个标准单位或四个标准单位的组合……理论上可以如此，但是实际的操作会受制于其他因素，比如人类大脑处理信息的认知加工能力。据 Cowan（2000）的研究，人类短时记忆一般以"四"为敏感点，组块超过"四"会增加大脑处理的难度，这也正是为什么汉语节律单位受制于"二常规、三可容、一四受限"的长短规律（王洪君，2008；冯胜利，2013）。因此，虽然句法结构可以无限制地组合下去，但是汉语最大韵律单位却以"四"为限（贾林华，2014c）。

从韵律构词的角度看，前面我们所阐述的"正式体合偶规则"其结果恰好是造就复合韵律词。我们在第三章的分析中会看到，句法合偶词和缀式合偶词在"双音节模块优先律"作用下成词以后，还继续受到"正式体合偶规则"的影响，进一步组合为复合韵律词。

第七节 小结

本章主要阐述了本书的基本理论框架，重点提出并论证了合偶背后的三大动因——"双音节泛时空化语体规则""双音节韵律形态语体规则""正式体合偶规则"，还介绍了合偶的第四个动因——"核心重音规则"，以及句法合偶词和缀式合偶词的成词机制——"双音节模块优先律"。

第三章　句法合偶词与缀式合偶词

句法合偶词指的是必须合偶使用的句法词，缀式合偶词指的是由词缀或类词缀等功能性语素附着于词汇性语素构成的合偶词。这两类词总数约为 331 个，占合偶词总数的 22%。由于其构词方式具有类型化的特征，数量也比较多，我们单列一章进行介绍。

本章第一节对句法词和词缀两个基本概念进行了辨析。第二节介绍了句法合偶词的三个基本类型 ［状＋中］、［状＋状］、［述＋宾］及内部的语素构成，分析了在"右向构词音步律"和"双音节模块优先律"双规则作用下，韵律突破句法结构的制约，最终构成句法词的过程。其中还特别分析了 ［状＋中］ 合偶结构造词能力很强的原因。第三节介绍了缀式合偶词的五种类型——"X 加""X 以""X 于""X 为""X 然"及其构词过程，特别分析了"X 加"在单音节规则（Monosyllabic Rule，MR）和音步形成规则（Foot Formation Rule，FFR）双规则作用下的成词过程。第四节分析了句法合偶词和缀式合偶词的语体属性，提出现代汉语框架内的"文言造词法"属于现代汉语的文言成分。第五节为小结。

第一节 基本概念辨析

一 句法词

"句法词"这一术语，国内首见于冯胜利（2000b：86）专著第二章。冯胜利（2001）《论汉语"词"的多维性》一文首次就"句法词"进行了专门论述。庄会彬（2015）专书就句法词进行了系统梳理与简明介绍。"句法词"字面意义是"syntactic word"，我们采纳 Giorgio Francesco Arcodia（2007）的英语对译术语"syntactic compounds"，因为后者更准确地反映了其本质特征。"句法词"自然是相对于"词法词"而言的。所谓词法词，指的是按照构词法产生的词，主要包括西方传统构词法中的词缀派生法、词根语素复合法，汉语的重叠和连绵语音构词法，以及在长期使用中约定俗成的、内部理据模糊的熟语化构词法，例如"大车"并不是大的车，"白菜"并非白色的菜。因此，词法词既可以是规则化的产物，也可以是非规则化的具有个体特异性的熟语化产物。① 所谓句法词，指的是在句法层面通过句法运作而产生的词。句法词是句法（syntax）的产物，而词法词是词法（morphology）的产物，前者以"词"为构成要素，而后者以"语素"为构成要素。

句法词可以分为两类，一类由隶属于同一短语的两个直接成分组合而成，另一类由属于不同短语的两个核心成分合并而

---

① 注意我们这里的定义与董秀芳（2004：31）有所不同。按照董秀芳对词法和词库（lexicon）的区分，凡是可由规则类推的词都不属于词库，而属于词法；而我们这里的词法词则包括了词库里面的和词法生成的两类词。我们这里对"句法词"的定义也不同于赵元任（1979：97）所说的"句法词"，赵先生指的是可以在句法层面独立作句子成分的"词"，区别于社会学意义上的"字"。

成。冯胜利（2001）举例区分了汉语的词法词和句法词，下面我们以"大盘子"和"停在"为例来说明这两类句法词的生成机制。

第一类句法词由修饰或限定成分直接嫁接于核心词而成。如图 3 - 1 所示句法词"大盘子"，其构成成分"大"和"盘子"属于 NP 的两个直接成分，修饰性形容词"大"直接嫁接于核心词"盘子"上。

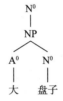

图 3 - 1　句法词"大盘子"

"大盘子"首先组合为 NP，它可以按照汉语形名组合的句法规则"大小—颜色—名词核心语"的顺序加以扩展，例如"大白盘子"，因此具有短语的属性；但同时这一组合又失去了短语的另一特征，"很大盘子"不能说，因此又具有词的属性。这种"非词非语、亦词亦语"的特征正是源于其组合的方式是在句法层展开的，属于句法词。这一特征与"白大褂儿"迥然不同。"白大褂儿"是运用熟语化构词法造出来的词法词，其组合词序违反了一般的形名短语排序规则，表示颜色的"白"置于表示大小的"大"之前；它也不能扩展为"很白大褂儿"，因而是典型的词汇化了的词。

第二类句法词在两个短语的临界处生成，属于董秀芳（2002：39）所说的跨层结构。动介组合"停在"在线性序列上并不属于直接成分，而是跨越了两个句法单位，例如"停在地下停车场"的句法结构如图 3 - 2 所示。

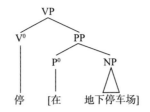

图3－2　"停在"的句法结构

从图3－2的句法树可以看出，介词 P^0 "在"和它的宾语 NP "地下停车场"互为姊妹节点，构成了介宾短语 PP 的两个直接成分；动词 V^0 与 PP 互为姊妹节点，是 VP 的两个直接成分。V^0 和 P^0 分别是 VP 和 PP 的核心成分，并非两个直接成分。但在线性语流中，这两个跨层成分发生了句法上所说的核心词并入（head incorporation），即核心词 P^0 并入到核心词 V^0 中。

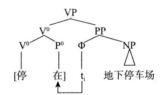

图3－3　"停在"发生核心词并入

从而形成了下面的句法词。

图3－4　句法词"停在"

判断词可以根据"词汇完整性规则"（Lexical Integrity Principle）（Huang，1984），即任何句法的运作都不能发生在词汇内部。之所以说"停在"是词而不是短语，是因为在普通话中只能说"停在了"，而不能说"停了在"，体标记"了"只能加在整个动词

"停在"的后面。

因此,"句法词"这一概念指向历时和共时两个层面,既可以指像"加以、深为、从速、有所"等下文即将讨论的已经凝固化了的合偶词,也可以指像"大盘子、停在"这样的正在形成中的、貌似短语实则性质已经发生变化的临时组合词。句法构词不仅在历史上曾经催生了大量的词语,而且在现代汉语中仍然在催生着新的词语。这就造成了句法词的两个特点:一是兼属性,即句法词内部有词,有短语,也有像"大盘子"这样的亦词亦语的中间物;二是能产性,在可能的语境中随时可以生成,理论上是无法穷尽的,字典也无法完全收录。汉语复合词分为词根语素复合词和词词复合词(Compound Word)两种,两者可视为句法构词在不同历史层面的产物。本书有194个合偶词也是句法构词的产物。

二 词缀

词缀分为词法层面的构词词缀(Word-Forming Affix)和句法层面的屈折性词缀(Inflectional Affix)。我们此处谈的是构词词缀。虽然汉语词缀在语义、句法位置和语音等方面并不具有西方形态学意义上的典型特征(董秀芳,2005),但是加缀已经成为一种能产性很强的构词方式(张家太,1988;王洪君、富丽,2005)。朱亚军(2001)认为典型词缀具有位置的固定性、语义的类属性、构词的能产性、结构的黏附性和语音的弱化五个特征。以此类推,类词缀就应该是不完全具备上述五个特征、其表现形式不太典型的构词成分。赵元任(1979:104)在论述汉语的形态问题时,认为意义的有无是个程度问题,语素的虚实也是程度问题,他在"词缀"一节里将典型词缀和非典型的、构词能力强的复合词中的部分语素同时列为词缀,采取了较为宽泛的标准。董秀芳(2004:33)也认为不能以意义的虚化来作为衡量词缀的标准，因为词缀总是具有一定的词汇意义，不如以定位性和规则性作为标准。我们认为上述认识符合汉语词缀的实际情况。假如一个构词成分具有定位性和规则性，但是意义的虚化程度不明显，我们认为称其为类词缀更合适。本书重点分析"X 加""X 以""X 于""X 为"这四个类词缀和"X 然"这一个词缀。

第二节 句法合偶词

一 基本分类

本书附录所罗列的按音序排列的合偶词表中，有一部分并未被《现代汉语词典》（第 6 版）收录，这样的词有 194 个。这些词，有一部分虽未被收录，但已经高度词汇化，宜视作词汇词，例如"从难、从重、从轻、从紧、从速、从优、有所、尽速、无碍、与否、多重、早日、整日、速速、遇到、遭到、席次、之至、之极、无可、无以、无与、一举、幸免"等等。这些词的词内构成语素结合，已经高度凝固化，无法各自再独立充当句子的成分。根据构成语素所处句法位置，大致可将它们分成三类：[状＋中]、[状＋状]、[述＋宾]。第一类由状语性语素及其后的谓词性语素组合而成，谓词性语素主要是动词性的，此外还包括少量充当状语的形容词和名词性语素，我们简称"状中"结构，共包括 152 个，罗列如下。

饱受	饱经	备受	备感	备尝	备知	倍遭	倍感
倍觉	倍显	必受	必招	聊表	深表	以表	不仁
不善	不前	不倦	不慎	不出	不决	不易	不拟
大受	大获	大行	静待	须待	亟待	尚待	顿感

顿觉	顿显	非同	广受	仅供	以供	可供	狠抓
极大	亟需	亟须	几近	几经	渐趋	渐臻	渐感
谨防	可掬	屡受	屡教	略感	略觉	略知	略作
略显	力阻	免受	莫测	偶遇	偶遭	恐受	颇遭
颇受	颇显	颇觉	颇感	略趋	已趋	请勿	日趋
如遇	如遭	如受	若遇	若遭	若受	若感	如感
深受	深致	深感	略受	确属	易受	尚属	纯属
已属	均属	更属	未臻	已妥	益显	愈发	愈显
愈见	已臻	一俟	一新	一跃	益见	愈觉	愈感
以待	大有	未作	另作	曾遭	早作	已作	稍作
惨遭	猛遭	屡遭	险遭	恐遭	突遭	已遭	备遭
必遭	频遭	忽遭	连遭	再遭	易遭	竟遭	又遭
渐受	颇有	略有	若有	如有	难有	恐有	多有
或致	稍嫌	略嫌	仍嫌	尚嫌	此致	谨致	特致
终致	已致	恐致	谨遵	未便	一经	婉拒	婉辞

第二类"状状"结构由两个状语性成分并列组合而成，共计31个。

概不	迥不	恕不	毫不	毫未	互不	互无	不为
久为	易为	少为	鲜为	甫一	偶一	一并	可被
可予	应予	未予	未得	未被	如被	若被	尚未
特此	行将	毋庸	久已	现已	业已	自相	

第三类"述宾"组合，共计11个。

持枪	促其	何以	竭诚	令人	就此	随之	为之
因故	有据	有失					

上述三类词的整体特征就是，词内构成语素仍然可以独立充当句子成分，但是因为落在双音节韵律模块内，所以先成为双音节韵律词，然后成为句法词，最后在适宜的条件下凝固为词。

二　语素构成

（一）关于汉语语素的分类

学界对汉语语素的分类和命名意见并不一致。自从吕叔湘先生（1962）提出单靠"自由""黏着"两个对立概念无法涵盖所有汉语语素类别以来，程远（1980）、张志公（1981）和许德楠（1981）先后提出"临时单音词""半自由语素""半黏着的单音名词"等概念来指称介于自由与黏着之间的部分语素，"临时单音词"指单独不能说，可是放在上下文里不得不承认是一个词的"黏着语素"。"半自由语素"指不能独立成词，但是能自由地和别的语素组合成词的语素，如"微、语"。"半黏着的单音名词"指不能独立运用，必须经过五"定"即"定向（加方位词，如桌上）、定性（加修饰语）、定位（修饰中心语，如长脖）、定元（加同义名词并列，如桌椅）、定量（加数词，如十指）"才能独立使用的名词语素。董秀芳（2004：45）认为许德楠的定义比较接近她所说的"半自由语素"，她将某些在古代汉语里可以自由使用，而在现代汉语里虽不能单用，却在某些句法过程中相当活跃的语素称为"半自由语素"。但是黄伯荣、廖序东《现代汉语》增订二版（1997）和增订三版（2002）却对黏着语素采取了不同处理方式（鹿荣、张小平，2004）。增订二版提出"自由语素、半自由语素、不自由语素"三分法，增订三版又改为"自由语素、黏着语素"二分法，去掉了"半自由语素"这一中间层级，这说明确立"半自由语素"这样一个类别尚未得到学界一致认可。①

　　我们认为设立"半自由语素"这一中间层级是很有必要的。根据董秀芳的定义，半自由语素指的是一批源自古代汉语，在现代汉语句法层面一般情况下不能自由活动，但是在特殊情况下，我们认为是在现代汉语系统里运用"文言造词法"造词的时候，特别是在双音节韵律模块里，可以跟其他半自由语素或自由语素合用，并独立充当句子成分的单音节语素，比如动词性语素"趋"、副词性语素"饱"、形容词性语素"惨"等。句法合偶词的构词语素中很多是半自由语素。

（二）句法合偶词多由半自由语素构成

　　句法合偶词主要由"状＋中"和"状＋状"两种类型组成，"状＋状"是非核心结构。核心结构的"状＋中"中，核心语素主要由自由语素和半自由语素这两类组成，除了"抓、招、防、须、近、遭、受、尝"8个自由语素以外，其余为"经、感、知、觉、表、大、获、行、待、显、供、需、遇、属、臻、作、趋、予、促、几"等半自由动词性语素，也就是说这些语素在古代汉语里可以自由使用，在现代汉语里一般情况下不自由，但是在一定的组合中可以独立充当句子成分。比如：

　　　　〈1〉a. *我感吃惊。　　—他［略感］吃惊。

---

① 黄梅（2020）对"半自由语素"这一术语提出了质疑。她认为"半自由"就是既"单用＝自由"，又"不能单说＝不自由"，结果"既自由又不自由"，造成一种自相矛盾的定义表述。她提出"单用"是句法范畴，而"单说"是语音（韵律）范畴，嵌偶单音节词在句法上是自由的，只是在韵律上必须嵌入双音节模块，不存在"半自由"的语素。我们认为，造成这种逻辑困境根本上在于没有从语体入手进行分类。"单说"主要指在口语里可以自由使用，而"单用"在口语和书面语里则有不同表现。口语里"单用"不必嵌偶使用，而书面典雅体"单用"则必须嵌偶，介于两者之间的为混合语体。由于该问题需专文论证，本书仍沿袭使用"半自由语素"。

　　b. *我知他的名字。　—他［略知］甘苦。

　　c. *我觉痛苦。　　　—我［略觉］痛苦。

　　d. *我表惊讶。　　　—他［深表］惊讶。

　　e. *我们获丰收了。—我们［大获］成功。

这些语素无法单独充当句子谓语，但是在句法合偶词中则可以，所以是半自由语素。修饰性成分主要是由形容词和副词性语素组成。形容词性语素包括"深、静、大、广、易、惨"等6个，这几个语素在现代汉语里不能自由充当句子成分，只有在合偶词里才能成为句子单位的一部分，所以也是半自由语素。

　　〈2〉 a. *我深相信这一点。　　—我［深信］这一点。

　　　　 b. *我静等待花开。　　　—我［静待］花开。

　　　　 c. *他大受到宠爱。　　　—他［大受］宠爱。

　　　　 d. *我广受到欢迎。　　　—他［广受］欢迎。

　　　　 e. *他易接受外界影响。—他［易受］外界影响。

　　　　 f. *他惨遭到杀害。　　　—他［惨遭］杀害。

副词性语素"饱、备、倍、聊、顿、极、几、渐、谨、屡、略、已、如、若、易、均、更、益、愈、另、曾、稍、猛、恐、频、忽、连、竟、互、概、未、可、必、尚"等同样如此，它们单独的时候不能在句中充当成分，只有进入合偶词后才可以。比如：

　　〈3〉 a. *他饱受到凌辱—他饱受凌辱。

　　　　 b. *他备知道艰辛—他备知艰辛。

　　　　 c. *他顿感到寒冷—他顿感寒冷。

　　　　 d. *他频遭到攻击—他频遭攻击。

我们注意到，在构成句法合偶词的语素中，"备、倍、互、即、几、久、可、未、无、大、静、顿、因、渐、屡、频、颇、日、稍、深、尚、广、免、谨、随、已、现、益、愈、早、趋、略、不、加"等共 34 个是黄梅（2008）所说的嵌偶单音节词，即必须在嵌偶环境下才能使用的语素。也就是说，这些语素必须首先在双音节韵律模块下组合成韵律词，然后又必须进入[2＋2] 合偶模块来成双使用。这部分既是嵌偶词又是合偶词的双音节词，值得我们进一步研究。我们在此暂且搁置这个问题。句法合偶词构词语素的不自由性与整个词的语体属性密切相关，我们将在本章随后加以论述。

三　成词分析

（一）［状＋中］类合偶词

该类合偶词是句法合偶词中数量最多、构词能力最强的一类。毛帅梅（2012：54 - 145）将汉语副词分为语素层（morpheme）、词汇层（word）、短语层（phrase）、小句层（clause）、句子层（sentence）、语篇层（discourse）等六个层级。从句法造词的角度看，合偶词的构成语素经历了从短语层进入语素层的重新分析过程（reanalysis）。所谓重新分析指的是在不改变表层结构的情况下，说话人将属于不同句法层级的两个相邻成分组合为一个句法单位的认知过程，即说话人 a ＋（b ＋ c）的结构被听话人理解为（a ＋ b）＋ c。① 重新分析可以发生于构词和句法两个层面，Hopper 和 Traugott（2003：50，69）曾经举了英语的两个例子：

---

① 见 Langacker（1977：58）："Change in the structure of an expression or class of expression that does not involve any immediate or intrinsic modification of its surface manifestation."译为：指某一表达式在结构或类别方面的变化，该变化并不引起表层表征式任何直接的或内在的改变。

[Hamburg] + [er] → [Ham] + [burger]

[[back] of the barn] → [[back of] the barn]

第一例 "item（of food）from Hamburg" 被理解为火腿（ham）三明治（burger）。第二例中的介词核心词 "of" 离开了它的宾语，贴附于其前的方位名称，这可能是由介词语音的弱化引起的。汉语合偶词的两个构词语素也经历了类似的重新分析，其动因也来自语音方面。例如 "大受其苦" 中 "大" 和 "受" 原本属于不同的句法层级，在线性序列中临时组合成句法词（见图 3 - 5）。

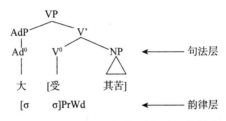

图 3 - 5　"大受（其苦）"的句法层与韵律层

此处 "大" 作为 V' 的附加结构修饰 V'，"大" 和 "受" 分别是 AdP 和 V' 的核心成分。我们认为此处 "大受" 的结合有赖于三个原因。第一，在线性序列上紧密相邻，这是其结合的句法结构条件。第二，汉语自然音步组合的顺序是 "右向音步"（冯胜利，1998），即从左向右顺序组合，例如对于任意无意义字串 "啊呗那玛旬"，汉语者在认知上总是从左边第一个往后寻找合适的组成成分，造成 "啊呗" 或 "啊呗那" 等组合的可能性。汉语构词音步遵守的是 "右向构词音步律"。第三，汉语音步组合一般遵守 "双音节模块优先律"，因此，上述无意义字串就会首先组合为 "啊呗" 而非 "啊呗那"。因此，相邻成分 "大受" 遵守 "右向构词音步律"，"大" 向右寻找合适的组合者，同时遵守 "双音节模块优先律"，造成 "大受" 而非 "大受其" 的组合。

图 3-6 中"大受"在相邻的线性序列上组合成一个句法词。

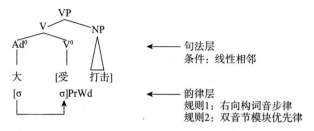

图 3-6　句法词"大受"的形成

在"大受"被临时组合为句法词的同时，汉语者同时运用类推（Analogy）的心理机制，将这一组合推广到"大受、饱受、广受、深受、不受"等组合中。Hopper 和 Traugott（2003：63-64）指出，重新分析是一种隐形的组合（Syntagmatic）过程，而类推则是一种显性的聚合（Paradigmatic）过程。重新分析造就了新的结构，而类推则将这一结构规则化。由于类推的作用，"状 + 中"成为一种能产的结构。

（二）［状 + 状］类合偶词

与"状 + 中"相比，"状 + 状"显然极不能产。这一类合偶词主要是由修饰同一谓词性成分的两个在线性序列上相邻的副词语素连用而形成。与这一结构相关的问题是副词能否直接修饰副词，对此存在不同的认识。张谊生（2000）和徐以中、杨亦鸣（2014）认为可以，王力（1984：174）、宋玉柱（2003）、杨荣祥（2005：24）认为不可以。宋玉柱认为不存在副词短语，"不很/受什么规矩的限制"应分析为"不/很受什么规矩的限制"。赵元任（1979：340）用直接成分分析法分析这类连续的两个副词修饰一个谓词的结构。

图 3-7　"状 + 状"修饰谓词

我们认为，如果从形式句法学角度对短语的分类来看，每一类短语都是以核心成分为中心构成的最大投射、中间投射或最小投射，不存在没有核心成分的短语。副词主要功能是修饰谓语，属于谓语的嫁接成分，假如副词修饰副词则会形成无中心的短语，这在现有的理论框架内显然是不允许的。但是之所以会造成副词可以修饰副词的认识或者印象，我们认为根源在于这一结构常常表现为句法层和韵律层的错位组合。根据上述音步组合的"右向构词音步律"和"双音步模块优先律"，我们发现"还不早来"在句法层和韵律层上并不匹配（见图3-8）。

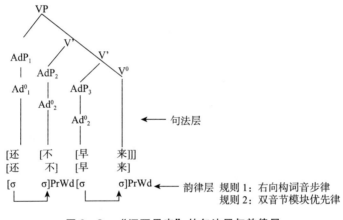

图3-8　"还不早来"的句法层与韵律层

由此导致了对表层结构的两种解读：认为副词不能修饰副词的，单纯从句法角度分析；认为能修饰的，根据韵律语感将两个非直接成分进行"重新分析"组合在了一起。两者都没有意识到韵律这只"看不见的手"在其中的隐秘作用。对于"状+状"合偶词来说，其与动词的修饰关系也经历了韵律干扰下的句法结构再组合过程，如图3-9所示。本来不属于同一句法层面的"互不"被韵律黏合到了一起，构成了句法词。

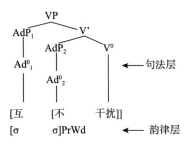

图 3 – 9 "互不干扰"的句法层与韵律层

(三)〔述 + 宾〕类合偶词

这一类合偶词多数并不是典型的述宾结构,构成的合偶词主要是作为状语对谓词性成分的方式加以描写或限定,其中动词多数是轻动词(light verbs)。例如,介词"因、随、为"和使动词"促、令"也属于轻动词。"有"在古代汉语中时常可作为语助词,"有清一代"中"有"并无意义,只是凑足音节,在"有失"中"有"也没有意义,只是凑足音节。这类词也是由两个各自充当句法成分的语素在双音节韵律模块里逐渐凝固而成的(见图 3 – 10)。

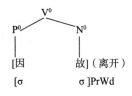

图 3 – 10 句法词"因故"

四 构词能力差异性分析

我们注意到在上述三种句法合偶词中,"状 + 中"复合最为能产,它们最终构成了动词性合偶词,"状 + 状""述 + 宾"则不能产。"状 + 状"复合属于无中心组合,语言中这种无中心组合数量是很少的;汉语"述宾"复合词以大量离合词为主,这些可

离可合的复合词例如"散步、睡觉、操心"属于日常随意体，不
属于书面正式体范畴，因而难以成为合偶词。

我们认为句法合偶词在"状＋中"位置上最为能产与汉语核
心重音的聚散力有关。如前所述，冯胜利（1997）界定了汉语核
心重音的范域，如图 3－11 所示（引自黄梅，2012：151）。

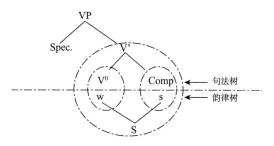

（Nuclear Stress Domain，w＝weak，s＝strong，S＝stress）

图 3－11　汉语核心重音范域

图中汉语核心重音范域由句中最后一个动词 V^0 及其直接管辖
（immediately govern）的补足语（Complement）组合而成，句子的
核心重音由 V^0 指派给其补足语 Comp。黄梅（2012：151）以此
为基础，以离合词的"分"与"合"为例，阐释了核心重音所具
有的"聚散力"。所谓"聚散力"指的是核心重音的分离力量和
黏合力量。在图 3－11 中，动词及其补足语不但构成了句法树上
的两个分节点，也构成了韵律树上的两个轻重节点。当补足语获
得核心重音后，动词自然为轻。对于离合词而言，比如"担心"，
在"担什么心"里，单音节动词"担"的重量为轻，核心重音被
赋予其宾语"什么心"，核心重音表现为分离力；但在结构"担
心孩子"里，"孩子"需要被赋予重音，"心"无法再获得重音，
这时候核心重音就将"担心"黏合到一起成为词，核心重音表现
为黏合力。黄梅（2012：155）运用"聚散力"理论分析了嵌偶
词多分布于状中位置的原因。当动词两边都有句子成分时，动词
因为要指派重音给补足语，所以两者之间构成韵律上［ｗ ｓ］的

轻重格局，核心重音将动词与补足语分离开。但同时这种分离导致了动词性语素与其左侧线性相邻的状语性语素的聚合，组合成为谓语动词，因而在这个位置容易形成嵌偶词，而在动宾位置则不容易嵌偶，例如在"备受苦难"中，状中结构的"<u>备受</u>"为嵌偶词，而"受苦"则不是。

我们认为这一解释同样适用于合偶词。即"状＋中"之所以能产，是因为受到了核心重音的牵引力。"饱受、备知、顿感、频遭"等［状＋动］合偶词中的动词性成分"受、知、感、遭"在核心重音的作用下，与后面的补足语分离；同时这种"分离力"又变为"推动力"，左向推动其与左侧相邻的状语性成分"饱、备、顿、频"聚合，从而提供了其凝固为一体的前提条件。不过，核心重音之所以在此处可以发挥作用，离不开"双音节模块优先律"。冯胜利在《韵律构词与韵律句法之间的交互作用》（2002）一文中谈到了"＊收徒弟山神庙—收徒山神庙"之间的对立，前者"收徒弟"大于双音节，不是汉语的最小词，后者"收徒"恰好落在双音节模块，也就是汉语的最小词模块里，所以有能力指派重音。同样，"状中"位置之所以能够受到核心重音的黏合力，前提必须是"状中"结构为双音节，而不能大于双音节，从而才有资格指派重音。这个位置的合偶词受到核心重音和双音节韵律模块的双重制约，易于凝固，也易于成词。而"述宾"结构虽然受到双音节韵律模块的凝聚作用，但同时又处于核心重音离散力的句法位置，难以凝固成词。"状状"结构也仅受到双音节韵律模块的作用，但同时其非核心的句法结构也制约了其能产性。表 3－1 总结了［状＋中］、［状＋状］、［述＋宾］三类合偶词所受韵律作用的区别。

表 3 – 1　[状 + 中]、[状 + 状]、[述 + 宾] 三类合偶词所受韵律作用区别

单位：个

合偶词	双音节模块吸引力	核心重音牵引力	核心重音分离力	合力	合偶词数量
[状 + 中]	+	+	－	2	152
[状 + 状]	+	－	－	1	31
[述 + 宾]	+	－	+	0	11

表 3 – 1 中，[状 + 中] 受到两种韵律合力的作用，[状 + 状] 只受到一种吸引力影响，而 [述 + 宾] 则既受到双音节模块吸引力，又受到核心重音分离力，两者相抵，合力为零。合力数量的多寡决定了其成词可能性的大小。

以上我们分析了合偶词中比较特殊的一个类别——句法词。句法词的成词过程既受到了"双音节模块优先律"的普遍制约，也在特殊位置受到了汉语核心重音规律的局部制约。这些句法词完成构词过程进入语流后，继续受到"正式体合偶规则"的制约，在正式体中必须合偶才能使用。下面三组例子中，句法词"狠抓、仅供、大受"后面接谓词性宾语时，宾语必须是双音节。

〈4〉要坚持严字当头，[狠抓管理]。

　　要坚持严字当头，[＊狠抓管]。

〈5〉本字幕 [仅供学习]，请勿用于商业用途。

　　本字幕 [＊仅供学]，请勿用于商业用途。

〈6〉美国投资者信心已在安然效应下 [大受打击]。

　　美国投资者信心已在安然效应下 [＊大受打]。

句法词的成词过程及使用条件彰显了汉语韵律在构词及造语中的普遍制约作用，不借助"韵律"这一"探照灯"，既无法发现上述不合法的现象，也无法解释合法的现象。所以我们说，"合偶词"不但是在韵律指引下挖掘出来的一批双音节词，其合

偶动因也只有依循韵律规则才能得到合理的解释。

第三节　缀式合偶词

一　基本分类

本书附录中收录的缀式合偶词共计约 136 个，主要包括 "X加""X 以""X 于""X 为""X 然" 五类。其中尤以 "X 加" 为多，共 42 个；其次是 "X 然"，共 38 个；再次是 "X 为"，共 25 个；"X 以" 和 "X 于" 分别有 14 个和 17 个。

二　缀式合偶词成词分析

（一）"X 加" 合偶词

"X 加" 合偶词是一种半开放式的结构，我们在附录中收录了 42 个，理论上还可以有更多组合。该结构有两个特征，第一个特征是能产性，其中的 X 可以是形容性语素、副词性语素、动词性语素和名词性语素，尤以 "形容词性语素 + 加" 最为能产，而其他三种则可以封闭式列举出来。例如：

形 + 加：	善加	多加	严加	大加	深加	乱加	胡加
	痛加	详加	妄加	横加	强加	重加	特加
	硬加	细加	广加	空加	虚加		
副 + 加：	宜加	咸加	亲加	常加	每加	必加	可加
	未加	不加	擅加	略加	倍加	备加	颇加
	应加	屡加	稍加	再加	亟加		
动 + 加：	需加	试加					
名 + 加：	面加	日加					

"X 加"的能产性与"X 然"相较尤为突出。"X 然"在古汉语中很能产,但在现代汉语中已经不再产出;而"X 加"不但在古汉语中适应性强,灵活性强,能够作为参与性语素构成四字格式(王云路,2007),而且至今仍然活跃在现代汉语书面语中,可以根据表达需要临时组合。这使它成为所有缀式合偶词中最能产、最活跃的组合。其韵律生成模式为:

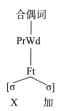

图 3 – 12　"X 加"类合偶词的韵律结构

第二个特征是鲜明的合偶性,其后所接动词必须为双音节。例如:

必加治理——＊必加治	不加清洗——＊不加洗
深加思考——＊深加想	日加辱骂——＊日加骂
空加应许——＊空加许	虚加允准——＊虚加准
再加修改——＊再加改	宜加清洗——＊宜加洗
横加阻挠——＊横加阻	妄加批评——＊妄加批
颇加褒奖——＊颇加奖	屡加责骂——＊屡加骂
面加斥骂——＊面加骂	需加管理——＊需加管
试加劝说——＊试加劝	略加思考——＊略加想
咸加惩罚——＊咸加罚	亲加测试——＊亲加试
每加呵斥——＊每加骂	可加调查——＊可加查
应加批评——＊应加批	擅加利用——＊擅加用
越加芳香——＊越加香	重加奖励——＊重加奖
善加管理——＊善加管	多加思考——＊多加想

乱加批点——*乱加批　　胡加猜想——*胡加猜

痛加责骂——*痛加骂　　详加记载——*详加记

特加褒奖——*特加奖　　硬加阻拦——*硬加拦

细加评点——*细加评　　广加寻求——*广加寻

大加赞赏——*大加赞　　稍加清洗——*稍加洗

常加清洗——*常加洗　　未加擦拭——*未加擦

备加喜爱——*备加爱　　严加看管——*严加管

倍加喜爱——*倍加爱　　亟加证补——*亟加证

"X 加"必须用在正式体中，在"正式体合偶规则"的作用下组合成［2＋2］的复合韵律词。

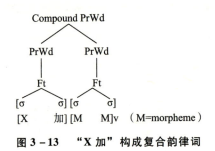

图 3－13　"X 加"构成复合韵律词

另外，这些合偶词一般有相对应的四音节扩展式，例如：

善加——妥善加以　　多加——多多加以　　严加——严格加以

大加——大大加以　　稍加——稍微加以　　深加——深刻加以

乱加——胡乱加以　　痛加——痛彻加以　　详加——详细加以

妄加——妄图加以　　亲加——亲自加以　　未加——未能加以

面对"X 加"表现出来的上述特征，我们需要回答下面四个问题。

1. "X 加"的"加"是"加以"的缩略式吗?

2. 多数"X 加"并未被词典收录, 那么它们是词还是短语?

3. 如果"X 加"是词, 那么"加"是一个词缀吗?

4. 在现代汉语构词系统中, 该结构何以如此能产?

首先看第一个问题。从历史上来看, "X 加"并不是从"加以"缩略而来的。龚千炎 (1961) 曾经谈到"加以"的形成过程, 他认为"加以"在历史上经历了五步演变: [加之以 + NP]→[加之以 + 名物化动词]→[加以 + 句子或词组]→[加 + 名物化双音节动词]→[加以 + 名物化双音节动词]。这一解释不能说明为什么第四步"以"脱落了, 到第五步忽然又出现了。其实我们结合王云路 (2007) 的分析会更清楚一些, 古汉语 [加 + 名物化双音节动词] 结构中并不存在介词"以"脱落的问题。古汉语中"加"原本是动词, 表示"增加、施加", 后面带名词, 由于动作性不强, 语义抽象, 在双音节韵律模块的作用下, 逐渐与表示具体含义的单音节动词结合, 形成一个音步, 例如"加损、加诬、加害、加戮"等, 但是后来"加"逐渐可与双音节动词结合, 这也就是龚千炎所说的第四步, 那么这一变化是怎么发生的? 龚千炎和王云路都没有发现这一变化, 更没有加以解释。我们认为, 这一变化同样是在双音节韵律模块的作用下发生的。我们在王云路文中找到两个很好的例子。

〈7〉 君**加惠于臣**, 使不冻馁, 则是君之赐也。(《国语·齐语》)

圣情矜愍, **勤加惠恤**, 竟无一人流离道路。(《旧唐书·李百药传》引李百药《封建论》)

第一例"加惠于臣"中"加"后面接的是单音节动词"惠",但到了第二例却变成了"加惠恤",从单音节动词到双音节动词的变化,其促发原因在于"加"前面单音节副词性语素"勤"的出现,在双音节模块优先律和右向构词音步律的作用下,"勤加"组合在一起,在上述前句为四字组、整句也呈现出四字组组合的语境中,"勤加惠"显然不好,因此为了满足双音节韵律模块的需要,单音节"惠"变成"惠恤",形成了新的[X加+VV]的韵律模块结构。这一四字模块同样具有类推性。王云路说当单音节动词与"加"结合后,该动词就失去了携带宾语的能力,比如我们可以说"<u>惠我</u>劳民":

〈8〉庶望群吏,<u>惠我</u>劳民,镯涤贪秽,以祈休详。(《后汉书·桓帝纪》)

却不能说"加惠我",意念上的宾语必须用介词引出"加惠于臣"。但是在新组合的[X加+VV]的韵律模块中,这一规律被违反了。王云路文中有下面两个例子("/"表示句法层次,据王云路的切分方式):

〈9〉臣之愚意,以为凡言诽谤者,谓实无此事而[<u>虚/加</u>诬/之]也。
又有为吏正直,不避强御,而奸猾之党[<u>横/加</u>诬/言]者,皆知赦之不久故也。

"虚加诬之"中"加诬"后面接代词宾语"之","横加诬言"中"加诬"后面接宾语"言",它们都带了宾语。在[加+V$_{单}$]中不能带宾语,而在[X加+V]中则可以带宾语,这种对立是由韵律模块的重组导致的,即从句法层面的"横/加诬/言"和

"虚/加诬/之"重组为韵律层面的"横/加/诬言"和"虚/加/诬之",成为在韵律上很整饬的［2＋2］结构。可见［X加＋VV］中的"加"并非从"加以"省略而来的。但是"加"同时还沿着另一条脉络发展,后面我们会提到"加之以"演变为"加以","加以"后面可以跟句子和动词词组,至于这一发展脉络是如何与上述［X加＋VV］合流的,还有待进一步考证。

第二个问题,"X加"多数未被词典收录,那么该组合是否成词?对这一问题的判断依据"X加"的两种句法特征。第一,"X加"中的"X"已经失去了作为独立词语的资格,因为:

严加管理——＊很严加管理

大加称赞——＊很大加称赞

乱加指点——＊很乱加指点

所以"X加"中的"X"语素已经不再是独立的词,而降格为不自由的构词要素。赵元任(1979:182)认为区分复合词和短语的办法是看是否有一个成分是黏着语素,如果是,则整个结构不能是短语;陆丙甫(1993)也认为,同属于一个结构的XY,如果X和Y中有一个是不成词语素,那么XY就是词。既然如此,可以判定其所属结构"X加"应为词。如果是词,那么究竟是动词还是副词?汤廷池(2001)认为是动词,理由是根据Bloom-field(1933:194－196,235－237)关于"离心结构"和"向心结构"的区分,向心结构的语法范畴决定于该结构的中心成分,"X加"中的"X"显然是动词性语素"加"的状语修饰成分,所以整个结构的属性决定于中心成分"加",我们同意这一结论,"X加"是动词性结构。

第三个问题,"X加"中的"加"是不是词缀?虽然历史上"X加"中的"加"并非导源于"加以",但是在现代汉语框架内我们可以认为此处的"加"是"加以"的缩略。汤廷池（2001）也认为"X 加"的核心语素是"加以"的缩略。"加以"在语义上的虚化已经是公认的（龚千炎，1961；朱德熙，1985），在"X 加"结构中又具有定位性和能产性，根据前文对词缀的定义，主要考虑其定位性和规则性，兼结合其意义的虚化程度，我们判定"X 加"属于缀式结构。

　　第四个问题，为什么在现代汉语词汇系统中"X 加"如此能产呢？我们的回答是，[X 加 + VV] 是韵律模块直接促发产生的，韵律模块不但在历史上促成了该结构的诞生，而且至今还在催生着该结构在现代汉语框架内产生新词。在现代汉语的分析框架内，这一结构受到三条韵律规则的作用。冯胜利（Feng，2009）阐明了汉语构词系统所受到的双规则制约，第一条规则是单音节规则，第二条规则是音步形成规则。用韵律树分别表示如图 3 - 14。

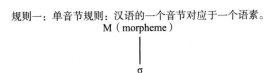

规则一：单音节规则：汉语的一个音节对应于一个语素。

规则二：音步形成规则：一个音步至少由两个音节组成。

图 3 - 14　制约汉语构词系统的两条规则

第一条规则适用于语素层，由此产生了汉语构词中的"语素化"现象，即从双音节、多音节的复合词或单纯词中提取一个音节，并通过与其他语素复合促其成为一个语素。第二条规则实际也即我们前文所述"双音节模块优先律"，适用于汉语的构词和句法层。第三条规则是正式体合偶规则，"X 加"也受到该规则的制约，形成了"双加双"的复合韵律词（见图 3 - 15）。

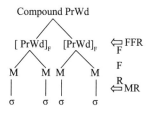

图 3 – 15　[X 加 + VV] 构成复合韵律词

　　"X 加"合偶结构是上述三条规则综合运用的典范，但是古今机制并不相同。现代汉语框架内的分析比较简单直接。第一步：语素化。运用规则一分别抽取双音节词"严格"和"加以"中的语素"严"和"加"，作为构成新词的备用语素（见图 3 – 16）。

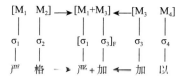

图 3 – 16　"X 加"经由"语素化""音步化"而成词

第二步：音步化。将新提取出来的两个单音节语素"严"和"加"重新组合为标准音步"严加"。第三步：合偶化。新造成的双音节词"严加"与另一双音节动词合偶造成 [2 + 2] 复合韵律词。"X 加"组合完全遵守了现代汉语韵律构词系统的三条规则，因而非常能产。

　　以上我们仅就"X 加"组合的构词特点及成词过程进行了分析，该结构在句法上还有其他特殊表现，如后面所接双音节动词不能再带宾语，该结构与双音节动词中间不可插入其他成分，等等。对此，我们将在后文关于述宾合偶结构的分析中展开论述。

（二）"X 以"合偶词

　　本书附录中收集的"X 以"合偶词共 14 个：

　　　加以修理——＊加以修　　　得以通过——＊得以过

致以问候—*致以问	给以帮助—*给以帮
据以支付—*据以付	予以协助—*予以助
聊以生存—*聊以生	用以治疗—*用以治
赖以生存—*赖以生	无以回答—*无以答
引以为豪—*引以豪	何以相比—*何以比
难以忍受—*难以忍	寄以信任—*寄以信

根据郭锡良（1998）的分析，"以"是象形字，像手提一物状，义为动词"带领"，后来虚化为介词，其成词也经历了类似上述跨层结构"停在"的再分析过程。张斌（2013：163－174）分析了该词从句法成分虚化为词缀的过程。上述 14 个"X 以"合偶词除了个别词如"何以""难以"外，整体上可以视为"X 之以NP"的缩略。我们以"加以"为例来分析"X 以"的成词过程。龚千炎（1961）认为"加以"是"加之以"的省略，比如《论语》有"加之以师旅"的句子，从句法上可以分析为（见图 3－17）：

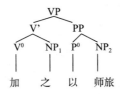

图 3－17 "加之以"的句法结构

后来"以"的宾语变为双音节动词，同时，"加之以 NP"由于宾语"之"的所指在语境中已经很清楚，所以容易被省略为"加以NP"结构，这一省略在右向构词音步律和双音节韵律模块优先律的作用下，借助句法上的核心词并入导致"加以"被重新组合为一个韵律词。我们以张斌（2013：170）文中例子"加以群臣之上"来分析，如图 3－18 所示。

动词"加"与其后介词"以"各自属于 VP 和 PP 的核心词，

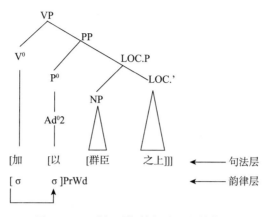

图 3 – 18　"加以"的句法层和韵律层

因而属于跨层结构，核心成分 P^0 并入到 V^0 中，重新组合为一个新的成分。在类推机制的作用下，产生了一批"X 以"词。所以句法词的构词在最初可能只是临时行为，在历时的演化过程中，某一组合由于能产性强，最终由句法词转化为缀式词，这也是句法词深度词汇化的过程。

（三）"X 于"合偶词

现代汉语里能够跟"于"结合的词或语素非常多，有动词、形容词，可以是单音节，也可以是双音节，"X 于"是一个开放的生成性很强的造词结构。我们这里罗列的合偶词只是其中受到韵律规则制约的一小部分。本书附录的合偶词表共收录了 17 个"X 于"合偶词，这些词在正式体中后接的动词或形容词也必须是双音节的。

安于孤独——＊安于孤　　　便于检查——＊便于查

甘于忍受——＊甘于忍　　　难于启齿——＊难于说

易于疲劳——＊易于累　　　倦于阅读——＊倦于读

勤于擦洗——＊勤于擦　　　怠于检查——＊怠于查

严于管理——＊严于管　　　勇于改正——＊勇于改

怯于启齿—＊怯于说　　　羞于作答—＊羞于答

疏于管理—＊疏于管　　　臻于完善—＊臻于完

濒于死亡—＊濒于死　　　免于失败—＊免于败

趋于平静—＊趋于静

关于这一结构，研究已有很多（金钟赞，2004；龚娜，2006；张谊生，2010；王明洲、张谊生，2014；等等）。我们这里主要谈四点。一是该结构从句法词到缀式词的演变过程；二是该结构所具有的"亦词亦语"的句法性质；三是该类结构的语法性质，究竟是谓语动词还是充当状语的副词；四是"于"的功能问题，我们认为它有三个功能：构词功能、音节填补功能、形容词动化的形态手段。

张谊生（2010）已经谈到了"X 于"形成过程中发生的句法与韵律错位的问题，也谈到了韵律的制约作用，但是该文对于句法词（该文称之为语法词）的论述不是很详细，对于韵律的制约作用的分析还不够全面。我们以 BCC 语料库古汉语句"独严于义利之辨"为例来分析"X 于"的成词过程：

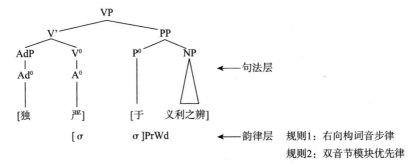

图 3 - 19　"严于"的句法层和韵律层

"严""于"最初并不属于同一短语的两个直接成分，它们分别是 V'和 PP 短语的子节点，互相之间并无成分统制（C-command，简称 C-统制，此处"C"代表 constituent，即成分）关系。因此属于跨层结构，但是线性序列上句法位置的相邻关系在韵律组合的右向构词音步律和双音节模块优先律的作用下，被重新分析为一个临时单位，所以生成了句法词。而后在类推机制的作用下，成为能产的造词机制，最终使得临时句法词成为缀式词。

"X 于"内部类别并不统一。有些结构已经成词，有些却表现出短语的特征，比如有些构词成分中的形容词性语素可以被"很"修饰：

*很<u>安</u>于孤独　　*很<u>便</u>于检查　　*很<u>甘</u>于忍受

*很<u>勤</u>于擦洗　　*很<u>严</u>于管理　　*很<u>倦</u>于奔波

很<u>难</u>于启齿　　很<u>乐</u>于助人　　很<u>易</u>于疲劳

很<u>疏</u>于管理　　很<u>羞</u>于回答　　很<u>怯</u>于启齿

但是如果说"难于、乐于、易于"是短语恐怕并不能令人信服，因为在语音上两个语素中间不能有停顿。赵元任（1979：84）说用"可能的停顿"可以区分词和短语，词和词中间允许有停顿，但词内部不允许有停顿。而且这些词只具有部分的形容词特征，虽然有的可以被"很"修饰，但是却不能进入形容词的另一典型环境"比……"，例如不能说"比……难于"，因此不能说其中的形容词性语素就是词。另外，这些组合中部分词可以进入"V 不V"这样的句法框架，证明它们是动词：

〈10〉a. 这件事你难（于）不难于启齿？

　　　b. 他乐（于）不乐于帮助我？

　　　c. 这样便（于）不便于查找？

因此，有些词例如"安于、甘于、便于"已经词汇化了，而有些词如"难于、乐于、羞于"则具有亦词亦语的特征，这正是句法词的特征。

前面我们分析了"X 于"的成词过程及其"亦词亦语"的特征，现在我们看第三个问题：这类句法词究竟是动词性的还是副词性的？从语义上看，这些组合大都有对应的形容词，例如"难于—很难、便于—方便、严于—严格、易于—容易"，在句中如果置换成这些形容词，也并不影响语义的表达。而且，这些词后接的动词具有典型动词的特征，可以带宾语，可以被状语修饰。

〈11〉 a. 难于当面启齿。

　　　 b. 甘于默默忍受/甘于奉献自己的青春。

　　　 c. 怯于当众表白自己的感情。

因此，从语义和后面所接动词的典型特征来看，似乎这些组合应该被理解为状语性成分。我们在这里不这样理解。我们认为"于"所具有的介引体词性成分的功能转化了整个结构的词类属性，使其动化，成为真正的谓宾动词。有一个旁证，就是很多双音节形容词与"于"的组合可以直接携带体词性宾语，如"惊喜于他的进步/忠实于祖国/忠诚于学术"。在这里，"于"显然成为形容词动化的一种语法手段，形容词变为及物动词。我们可以在"形 + 于"这一框架里造出很多动词，如：苦于、喜于、忙于、愤于、惊于、困于。形容词性语素动化的词汇性手段有三种。一是重叠法：愁—愁愁他，苦—苦苦他，美—美美他。二是同义语素并列法：便—方便，端—端正，疏—疏忽，壮—壮大。三是加缀法。这里的"于"就属于第三种。当然，最后成词都必须受制于双音节模块优先律。因此，我们认为"于"远不仅是构词词缀，不仅是一个音节补凑单位，它还是一个动化语素，改变了结构的句法属性，发挥着韵律和句法的双重功能。

（四）"X 为"合偶词

本书附录共收录了 25 个该类合偶词：

备为喜爱——*备为爱	不为人知——*不为知
已为泄露——*已为露	益为强大——*益为强
极为困难——*极为难	较为昂贵——*较为贵
至为美丽——*至为美	蔚为壮美——*蔚为美
愈为艰难——*愈为难	最为准确——*最为准
甚为艰难——*甚为难	颇为弱小——*颇为弱
代为办理——*代为办	妥为存放——*妥为放
鲜为人知——*鲜为知	易为喜爱——*易为爱
少为人知——*少为知	人为制造——*人为造
久为占据——*久为占	渐为人知——*渐为知
深为恼火——*深为火	广为流传——*广为传
大为高涨——*大为涨	更为奇怪——*更为怪
尤为美妙——*尤为美	

这些合偶词后面所修饰的动词和形容词必须为双音节。此处"为"的虚化程度表现出梯度：在"人为"中是意义实在的动作动词，义为"制造、做"；在"蔚为"里是比较虚化，但语义仍清晰的连系动词"是"；而在"益为、极为、较为、至为、愈为、最为、甚为、颇为、妥为、深为、大为、更为"等词里是比连系动词更为虚化的、语义模糊的词内成分；在"不为、备为、已为、久为、鲜为、易为、少为、广为、渐为"等词里则是被动标记。王兴才（2010）描写了"为"词缀化的过程。我们以该文所举"最为弱小"（《史记·燕召公世家》）为例，分析一下该组合的成词过程。

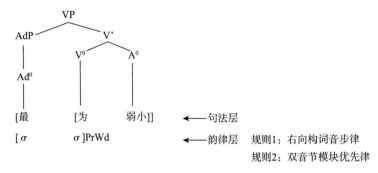

图 3-20 "最为"的句法层和韵律层

"为"在此处为连系动词"是",它首先与其形容词宾语（或表语）组合为 V'，然后受到副词"最"的修饰。因为副词性成分属于嫁接结构，是在基本结构生成以后嫁接上去的，动词总是先与其宾语结合，然后才被副词性成分修饰，所以副词"最"与"为"不属于同一句法层级，不是两个直接成分。只不过在线性序列上相邻的句法环境受到韵律双规则的作用而组合成词，所以是句法词。判断其成词可以依据语音标准，即词内部不允许有停顿。"X 为"的词汇化程度比"X 于"要高，词内的形容词性语素如"易、广、深"不能被"很"修饰，不能说"很深为恼火/很广为流传/很易为喜爱"。

作为系词的"为"的能产性与现代汉语里的"是"非常类似。但由于"是"在语音上弱化程度更高，所以更能产，不但可以用单音节组合为双音节词，例如"但是、可是、还是"等，还可以贴附在双音节词上成为黏附词组，例如"毕竟是、究竟是、到底是"。这两个系词从构词角度看属于不同语体，"为"自身为典雅体，由"为"构成的词语，凝固化程度不同，语体属性也不同。凝固化程度高的，词汇化程度也高，正式体属性显著，如"颇为美丽、蔚为壮美"；凝固化程度低的，仍具有短语性质，"为"仍然可以独立充当句法成分，如"已为泄露、渐为人知"

中，"为"单独充当整个结构的状语，该结构保留了较强的文言体属性。

（五）"X 然"合偶词

"X 然"是这五种合偶缀式结构里最为词汇化的一类，这类造词结构一般生成的是状语性的形容词或副词，后接动词时须为双音节动词，这类词已经显著词缀化了，我们对其最初的句法成词过程不再赘述。本书附录共收录了 38 个该类合偶词：

奋然高喊——＊奋然喊	幡然醒悟——＊幡然醒
遽然停止——＊遽然停	溘然逝去——＊溘然死
率然回答——＊率然答	倏然逝去——＊倏然逝
公然侵犯——＊公然犯	骤然下降——＊骤然降
决然而去——＊决然去	判然不同——＊判然异
已然遥远——＊已然远	飘然而至——＊飘然至
安然返回——＊安然回	傲然挺立——＊傲然立
淡然回答——＊淡然答	飒然而现——＊飒然现
卓然而立——＊卓然立	灿然而笑——＊灿然笑
悄然开放——＊悄然开	贸然应答——＊贸然答
悠然而坐——＊悠然坐	怡然而坐——＊怡然坐
杳然消散——＊杳然散	快然回答——＊快然答
悍然侵占——＊悍然占	轰然倒塌——＊轰然塌
豁然大笑——＊豁然笑	截然相异——＊截然异
涣然散去——＊涣然散	恍然懂得——＊恍然懂
巍然屹立——＊巍然立	孑然挺立——＊孑然立
翩然到来——＊翩然来	屹然挺立——＊屹然立
超然对待——＊超然待	运行井然——＊运井然
应答漠然——＊答漠然	进攻突然——＊攻突然

第四节　句法合偶词、缀式合偶词的语体属性

句法合偶词、缀式合偶词的语体属性，不但取决于合偶词本身，还与其构词成分、成词方式及［2＋2］合偶结构相关。句法合偶词和缀式合偶词的构词语素及成词方式属于现代汉语系统里的文言成分，这一"出身"决定了它们的典雅性。那么什么是文言成分？这是我们必须首先厘清的一个基本问题。

一　文言成分的内涵和外延

已有论者指出现代汉语不是一个匀质的系统（胡明扬，1993；朱德熙，1985），它包含了以北京话为基础的口语成分、欧化的外来成分、方言成分和文言成分，这些成分分属口语语体、书面语体、方言语体和文言语体。但是对文言成分的研究国内目前除了孙德金（2012）的一部专著外，并不见其他著作，人们对现代汉语中"文言成分"整体概貌的认识并不是很清晰，甚至对什么是"文言成分"这一基本概念的认识也不是很全面和明确。我们这里尝试对这一概念的外延和内涵加以梳理。

首先，从外延方面看，在文献中有古语词（葛本仪，2006：23）、文言词（张世禄，1961；卢绪元，1961；周祖谟，1959/2005：50）和文言成分（胡明扬，1993；石定果，1997；孙德金，2012）等三种说法。"古语词"指的是古代汉语里曾经用过而现在一般不用的词，如"足、目"，又被称为"历史词"（符淮青，1985）。"文言词"指的是"那些由古代传下来而为现代普通话所吸收的具有文言的特点和风格的有生气的词，一般多用于书面"（卢绪元，1961）。"文言成分"指的是"现代书面汉语所包括的多种语言成分的一种，现代书面汉语是包括文言成分、方言成分、外来语成分和口语成分等多种语言成分的综合体"（石

定果，1997）。石定果认为界定文言成分的标准有五条：第一，古汉语特有的语法现象出现在现代书面汉语时，是文言成分；第二，在现代已有对应说法代替的古代词语，如出现在现代汉语里，则是文言成分；第三，只通行于古代而现代罕用的词语，如出现在现代汉语中，则是文言成分；第四，生僻、艰深的成语典故，如出现在现代汉语中，则是文言成分；第五，多义词、兼类词要分别对其每种用法考察，如其某一种用法与上述任意一种用法相符，则是文言成分。石定果的这一分类是比较详尽的，但是究竟什么样的语法现象、什么样的词语、什么样的典故可以归为文言成分，仍然界定模糊。吴光哲（2004）在此基础上增加了语音这一条，即属于古汉语的语音特点，但是在现代汉语中仍然在使用的成分。我们认为增加这一条是有必要的。综合上述几家的论述，"古语词"和"文言词"仅指古汉语词汇，而"文言成分"这一概念较为全面地涵盖了保留在现代汉语中的古语成分，是三者中最合适的术语。概而言之，文言成分的特点有三——源自古代、用在现代、书面语体，涵盖语音、词汇、句法三个层面。其具体究竟包括哪些语音成分、哪些词汇成分、哪些句法成分，仍然有待进一步厘清。

孙德金（2012）对于文言语法成分的外延进一步进行了细化，提出按照古汉语的词法造的词、按照古汉语的句法造的句皆属于文言成分。具体而言，前者包括"数词＋名/动/形"式省略量词构词法、［动宾＋名$_{单音节}$］^{N}定中构词法（如"收银台、露脐装"）、使动构词法、名状式构词法、动状式构词法等沿用了古汉语句法结构造词的构词法。后者包括含有古汉语虚词语素的句式及名词作状语、动词作状语共三种情况。这一分析框架大大细化了人们对存在于现代汉语中的文言成分的认识。

第二个问题是关于文言成分的内涵问题。石定果（1997）虽然已经提出了判定文言成分的标准，但毋宁说是确定了部分范围，即古汉语词汇和语法两种，前者包括"死"了的"古语词"和仍然"活着"的成语等文言词，我们同意这一界定。但上述五条标准对于文言成分的质的规定性仍然定义模糊。孙德金（2012）对于文言成分的内涵做了非常详细的探讨。他提出了文言成分的具体界定标准。一是从量的角度提出频率标准，在现代汉语系统中使用频率非常低的词汇或句式，例如"引语"或"吾、乎、哉、焉"等罕用词不算。这条标准从理论上看确实是区分"现代汉语中的文言成分"和仅属于"古代汉语的成分"的量的标准，在实践操作中主要依靠说话人的语感加以判断，其正确性仍需进一步借助使用频率加以核查。二是从质的角度提出融合度标准，具体包括高融合度、中融合度、低融合度三种。高融合度指的是某个文言成分在现代汉语中只有一种表达式，例如"分之"。中融合度指有对应形式，但呈互补分布，例如"以/用""为/被"。低融合度指文言成分偶现于现代汉语，如"亦、矣"。这条标准真正从"质"的角度对"现代汉语文言成分"加以限定，即只有"水乳交融"地融入现代汉语系统的文言成分才算是"现代汉语的文言成分"，而那些"油水分离"的引语、偶现的古语词并不被包括在内，这样所谓的"古语词"或"文言词"就不再算是现代汉语的"文言成分"。

　　孙德金的《现代书面汉语中的文言语法成分研究》是首部对文言成分展开专题论述的专著，也是目前为止最为深入和详尽的著作，但并不能说穷尽了现代汉语系统中所有的文言成分。冯胜利（2006）收集了一批文言句式，并提出了现代汉语系统中的一批特殊词：嵌偶单音节词。例如，"我校、极佳"中的"校、佳"在线性句法上充当了句子的一个成分，因而是造句单位，但是在韵律上必须出现在双音节韵律模块里，因而又不同于自由语素，此即所谓"句法自由、韵律黏着"。黄梅（2012：192－200）分析了该类词的"文言"出身，指明其典雅体属性，这一类词大概有 900 多个。但黄梅一书的着力点在于分析嵌偶词的句法特点，对文言成分的内涵和外延并未加以探讨。我们认为文言成分除了孙德金和黄梅两部著作中所包含的诸多种类，还包括活跃于现代汉语句法系统中、运用古汉语单音语素组合造句法进行的"文言造词法"。

二　现代汉语合偶词中的"文言造词法"

古代汉语以单音节词为主，单音节语素组合为［单＋单］是其主要句法构造形式。现代汉语双音节词数量占优势，但古汉语造句法仍然活跃在书面正式体或典雅体当中，造成短语或词语。本书所谈的句法合偶词就是利用了这种"文言造词法"组合成词的。句法构词有两种情况：一种是自由语素的结合，如"停在"；另一种是半自由语素的结合。本章的句法合偶词多数属于第二种情况。这种半自由语素造词，不但语素本身是源自古代汉语的词，而且这种造词法也源自古汉语的句法结构。冯胜利（2006）和黄梅（2012）所说的嵌偶单音节词其实正是通过这种造词法成词的，例如：

嵌偶单音节词运用［单＋单］"文言造词法"造成合偶词：
严令：公安部严令捉拿要犯。
　　　公安部严格命令捉拿要犯。
　　　＊工程指挥部严格令捉拿要犯。
　　　＊工程指挥部严命令捉拿要犯。
大获：今年"两菜"大获丰收。
　　　今年"两菜"大大获得丰收。
　　　＊今年"两菜"大大获丰收。
　　　＊今年"两菜"大获得丰收。
渐感：他体力渐感不支。

他体力渐渐感到不支。

*他体力渐感到不支。

*他体力渐渐感不支。

广受：他的学术水平广受专家好评。

他的学术水平广泛受到专家好评。

*他的学术水平广泛受专家好评。

*他的学术水平广受到专家好评。

上述"严令""大获""渐感""广受"四例中构词语素"严、大、渐、广"是嵌偶单音节词，必须在双音节韵律模块中才能使用，变成三音节组合则非法，例如"*严命令/*严格令"，所以"严令"中的两个语素都是嵌偶词。它们"貌似"一个复合词，实则分别在句中独立作句子成分，是句法单位。其组合方式是选取源自于古汉语的副词性半自由语素"严、大、渐、广"与动词性半自由语素"令、获、感"以及自由语素"受"结合，这种组合正是古汉语单音节语素造句法的"现代版"。

有些单音节半自由语素并不是嵌偶词，例如下述"必受""竟遭""尚需""偶现"中的"必、竟、尚、偶"等四个语素，既可以与单音节语素组合为［1＋1］模块，也可以与双音节语素组合为［1＋2］或［2＋1］韵律模块。

非嵌偶单音节语素运用［单＋单］"文言造词法"造成合偶词：

必受：必受上天惩罚。

必受到上天惩罚。

必将受到上天惩罚。

必将受上天惩罚。

竟遭：不料竟遭了一顿毒打。

不料竟然遭到了一顿毒打。

不料竟遭到了一顿毒打。

不料竟然遭了一顿毒打。

尚需：股指是否已经到顶尚需下周确认。

股指是否已经到顶尚且需要下周确认。

股指是否已经到顶尚需要下周确认。

股指是否已经到顶尚且需下周确认。

偶现：裸露岩石偶现于地表。

裸露岩石偶然出现于地表。

裸露岩石偶然现于地表。

*裸露岩石偶出现于地表。

"必受、竟遭、尚需、偶现"中的各个组成语素均独立在句中作为句法单位，同样运用的是基于古汉语单音节语素造句的句法结构。

上面两种"文言造词法"的前提是，必须有一个语素是半自由语素。合偶词是"单＋单"，如"必受""尚需"，这种搭配造成的是典型的典雅体；如果是"单＋双"或"双＋单"，如"必受到"或"尚需要"，由半自由语素与双音节词搭配而成，则属于文言句法的局部实现，是现代汉语正式体与典雅体的"混搭现象"。后者也同样普遍存在于现代汉语书面文本中。表 3－2 以"必受""尚需""竟遭"为例列出了不同音节组合所造成的不同语体。

表 3－2　句法词构词语素不同音节组合所造成的语体差别

语素成分	"单＋单"	"双＋单"	"单＋双"	"双＋双"
必、受	必＋受	必将＋受	必＋受到	必将＋受到
尚、需	尚＋需	尚且＋需	尚＋需要	尚且＋需要
竟、遭	竟＋遭	竟然＋遭	竟＋遭到	竟然＋遭到
语体属性	典雅体	正式/典雅混合体	正式/典雅混合体	正式体

我们认为这种造词法源于古代、用于现代，在现代汉语词汇系统中运用文言句法进行造词，融合为现代汉语系统之一部分，因此，也属于现代汉语文言成分的一个类型。

三　句法合偶词、缀式合偶词语体属性的判定

（一）半自由语素的典雅体属性

冯胜利（2015）区分了两类黏着单音节语素的语体性质。一类是诸如"机、盘、椅"等充当名词性词根语素的他称之为"黏着根语素"的成分，他认为这类语素语体的判定根据是"不独不体原则"，即语素若不能独立使用，则语体待定。这类语素在现代汉语系统里既可以充当构词成分，也可以独立充当句子成分。在"机器、盘子、椅子"这些词里，"机器"既可以读为左重，为口语体；也可以读为右重，为正式体。具体取决于出现的语言环境，可以视为通用体。"盘子""椅子"内含轻声，读为左重格式，是口语体。但是在"我机应乘胜追击"中，"我机"不是一个词，而是由两个句法单位组成的定中短语，"机"充当核心成分，这个时候"机"可以视为典雅体。另一类黏着语素是嵌偶单音节词，如"饱、频、恐"等必须在嵌偶环境下使用，因为"饱经受、频出现、恐遭到"不成立，必须说"饱受、频现、恐遭"，这类语素为典雅体。

句法合偶词的构词语素不是"语体待定"成分，因为在书面语体中可以独立充当句子成分。正如前面所说，一部分构词语素是嵌偶单音节词，如"饱、频、恐"，属于典雅体；另一部分如"必受"中的"必"和"受"不是嵌偶语素。那么它们是什么语体呢？董秀芳（2004：59）指出了半自由语素的语体特征，她说，"半自由语素的大量存在造成了汉语书面语和口语的许多不同，作为词使用的半自由语素多在具有文雅庄重色彩的语体中出现，而在口语中很少出现。之所以存在这种语体分布上的倾向

性，是因为半自由语素是汉语历史发展所形成的（吕叔湘，1962），它们在汉语中存在的时间长，自然带有古雅的色彩。在处理汉语的书面文本时，要给予半自由语素以特别的重视"。其证明方法是：这类语素不是轻声、不能重叠，所以不是口语体；它们只有出现在类似古汉语单音节文言句法的环境中才可以使用，属于现代汉语系统中的文言成分，具有文言性，因而属于现代汉语中的典雅体。

（二）典雅体向正式体的转化

孙德金（2012）提出了一个很重要的概念："融合度"。它促使我们思考文言成分是如何进入现代汉语语言系统的。通过语体的互补分布来鉴别文言成分的融合度不失为一条有效的方法。不过我们认为，融合度的问题换个角度看，就是文言成分的现代化问题，或者说是典雅体正式化的问题。对于具有文言色彩的半自由语素和句法词来说，鉴别其是否融入现代汉语系统，要看其是否落入双音节韵律模块以及该模块词汇化的程度如何。

判定半自由单音节语素是否正式化的方法是看其是否进入双音节韵律模块，即"单变双"，并凝固为词。如半自由语素"趋"，其正式化的方式是首先进入双音节韵律模块［σ趋］或［趋σ］，如："渐趋、日趋、更趋、必趋、已趋"或"趋于、趋缓、趋势、趋利、趋高"。但是仅仅进入双音节韵律模块还不够，因为内部句法结构清晰的双音节组合如"渐趋"，属于现代汉语系统内的"文言造词法"，即两个单音节非自由语素组合，各自充当句内成分，具有文言性，语体上体现为典雅体。只有那些双音节整体充当一个句子单位的组合如"趋于"，才真正完成了正式化，而那些中间状态的组合如"日趋"则处于典雅体向正式体的转化过程当中。再如，"现已"与"已经"，前者有时可用为一个词，但内部仍有清晰的句法结构，词汇化程度低，未脱文言色彩；后者则已成为现代汉语双音节词。进入现代汉语双音节词汇系统的词，若被高频使用，则会继续向非正式体转变，次音节会发生轻化，整个双音节词呈左重重音格局。例如"已经"的"经"允许轻读。因此，非自由单音节语素的融合度呈现为四个阶段：句法韵律词阶段（如"渐趋"）、过渡阶段（如"日趋"）、词汇化阶段（如"趋于"）、左重阶段（如"已经"）。其融合度也由低逐渐转高。

句法词进入句法后，也会有不同的组合。句法词可以与一个不自由语素结合如"渐趋缓"，这一组中三个语素均为不自由语素，且各自充当句子成分，仍然属于纯文言的范畴，典雅色彩并未改变。理论上，"渐趋"还可以与一个自由语素结合，如"渐趋慢"，单音节自由语素"慢"一般而言为日常随意体，所以就造成了典雅体和日常随意体的跨级搭配，对合偶词而言，这种搭配不仅会造成语体的不协调，也不符合现代汉语者的语感，属于非法搭配。或者也可以与一个双音节词搭配，如"渐趋缓慢"，构成［2＋2］的韵律格局。［2＋2］的韵律格局并不是只有现代汉语才有，《诗经》中就有大量类似"关关雎鸠"这样的诗句。［2＋2］表达正式体的条件是其中的两个韵律词均为词汇化的非轻声双音节。典雅色彩重的句法合偶词在使用频率的促发下频繁进入该合偶结构，有助于其进一步凝固化，从而逐渐正式化。

（三）句法合偶词、缀式合偶词的语体属性

我们上文已经分析过，句法合偶词的构词语素多数由半自由语素组成，而且其构成语素的组合过程运用的是上述"文言造词法"，有一些句法合偶词同时还是嵌偶词，如"必受、严令、竟遭、尚需"等例，因此属于文言成分，属于典雅体。应当注意的是，句法合偶词内部词汇化程度并不相同。凝固度低、内部句法界限清晰的组合如"现已、恐遭"等典雅度高；而使用频率高、

词汇化程度高的"大受、深受"则典雅度低，已属于正式体词。所以句法合偶词内部存在典雅度高低的差别。

至于缀式合偶词，正如冯胜利（2015）指出的，词缀或类词缀也有"体"的不同。后缀"－加""－以"、"－为""－于""－然"不同于轻声化的口语体词缀"－子、－儿、－头"，它们均属于源自古汉语的文言成分，因此，这些词缀本身具有典雅体色彩。由加缀构成的缀式合偶词内部词汇化程度也存在一定差异，极个别的词如"用以、何以"内部句法界限还很清晰，是否成词还存在争议，但绝大多数已经高度词汇化。由这些词缀构成的双音节词"严加、详加""难以、加以、无以""安于、便于""愈为、颇为""傲然、溢然、蔚然"已经属于现代汉语词，不宜视作古汉语词，当然，这些双音节词无法重叠、不含轻声，只能视为现代汉语正式体词。可见，语素自身的语体属性不能决定其所在结构的语体属性，同样，句法单位的语体属性也不能决定其所在结构的语体属性，"现已"之所以是典雅体词，不但因为其构成语素是半自由语素，还因为其组合运用了"文言造词法"，因而具有典雅体属性。

缀式合偶词与句法合偶词相较而言，缀式合偶词是由虚词缀贴附到词汇性语素上形成的，内部结构紧密，词汇化程度高，因而正式度更高一些；而后者的内部结构则呈现出差异性，有些融合度高，已然高度词汇化，有些则仍较为松散，典雅色彩更浓。表3－3列出了"融合度"，即凝固化程度对句法合偶词和缀式合偶词语体属性的影响。

表 3 － 3　"融合度"对合偶词语体属性的影响

例词	构词语素类型	［1＋1］融合度	语体属性
必受	非嵌偶＋非嵌偶	低	典雅体
备知	嵌偶＋嵌偶	中	典雅体/正式体

例词	构词语素类型	［1＋1］融合度	语体属性
深受	嵌偶＋非嵌偶	高	正式体
未加	词根＋词缀	低	典雅体
愈加	词根＋词缀	中	典雅体/正式体
更加	词根＋词缀	高	正式体

当上述合偶词进入［2＋2］结构以后，便推动其进一步正式化，因为［2＋2］合偶结构是现代汉语正式体系统的韵律结构。例如，对于"现已查明、恐遭敌人的袭击、深受百姓欢迎"等合偶结构而言，虽然"现已""恐遭"仍具有文言色彩，但［2＋2］整体的语体属性具有压倒性的决定作用，它们宜被视为正式体结构。

因此，一方面，句法词本身的语体属性受到了构词要素融合度的影响：融合度越高，正式体属性越强；融合度越低，典雅体属性越强；中等融合度则造成混合语体。另一方面，不管它们的融合度如何，进入［2＋2］结构后，全部成为正式体。这说明，［2＋2］组合本身具有现代汉语正式体属性。

第五节　小结

本章的分析表明：

第一，句法合偶词和缀式合偶词的成词过程均受制于"右向构词音步律"和"双音节模块优先律"，这两条规则突破了句法结构，强行将两个非直接句法成分"扭结"为双音合偶词，显示了韵律对句法的征服作用；同时，［状＋谓］造词能力很强还跟核心重音的牵引力有关。可以说，句法合偶词和缀式合偶词是汉语韵律系统的产物。

第二，句法合偶词和缀式合偶词多包含半自由语素，其造词过程属于"文言造词法"，原本就具有文言的典雅性。进入现代汉语词汇系统后最终的语体属性则受制于词内成分的"融合度"，高融合度造就正式体（进一步还有可能转为通体、口语体），而低融合度属于典雅体，中融合度则兼具两种语体；但无论如何，进入［2＋2］合偶结构以后全部都属于正式体。这说明合偶结构不但跟其构词语素相关，也跟［2＋2］合偶结构的整体构式效应相关，［2＋2］本身具有正式体属性。

第四章　多动因促发的轻动词述宾合偶

本章主要介绍分析了三大轻动词述宾合偶结构，包括进行类合偶结构、遭受类合偶结构、致使类合偶结构的基本面貌和合偶成因。第一节为基本分类。第二节着重阐述了进行类合偶动词的合偶动因，主要运用了"核心重音规则"；还描写了其谓词性宾语的名物化特征；另外还就单双音节进行类合偶动词的互补性语体特征进行了比较。第三节介绍分析了一类特殊的合偶动词"X加"，该合偶结构表现出成语式的固化特征。第四节、第五节分别介绍遭受类合偶动词和致使类合偶动词，分析了其谓词性宾语的名物化特征，对其同义单双音节对应词的语体分布进行了比较。第六节辨析了非合偶的［2＋1］述宾结构存在的原因。第七节为小结。

本章主要观点是："双音节韵律形态语体规则"是轻动词述宾合偶结构合偶的内在动因，从正面解释了为何必须为"双"；而"核心重音规则"则从反面解释了为何不能为"单"，可作为辅助性解释。当然，轻动词述宾合偶结构也遵守一般的"正式体合偶规则"。

第一节　基本分类

本书附录一共收录了 400 余个充当述宾结构述语的合偶动词，这些动词均为"谓宾动词"，即以谓词性双音节词为宾语的动词。这些合偶动词的合偶性表现在，要求后面必须接双音节谓词性宾语，不能接单音节谓词性宾语。这些合偶动词根据不同标准有不同的分类。

　　首先，我们可以根据宾语类别的不同主要分为两类：一类合偶动词必须接双音节动词宾语，一类合偶动词必须接双音节形容词宾语，也就是说我们这里把"动＋形"组合也视为述宾结构的一个小类。例如：

　　　　备受喜爱——＊备受爱　　　濒临死亡——＊濒临死
　　　　不堪忍受——＊不堪忍　　　促进生长——＊促进长
　　　　惧怕困难——＊惧怕难　　　奢求富贵——＊奢求富
　　　　更臻完美——＊更臻美　　　渐趋平静——＊渐趋静

　　其次，根据合偶词核心语素的含义，可以将述宾合偶结构分为"轻动词类"和"非轻动词类"两种。"轻动词"（light verbs）这一汉译术语最早出自冯胜利（2000a：28），指的是"词汇意义虚，但句法功能强的一批动词"（冯胜利，2005）。英语中的 make、take、become、cause 和汉语中的"弄、搞、整、打、使"以及介词等都是轻动词。根据轻动词是否实现语音外形，可将其分为无语音外形的轻动词（又叫空动词，empty words）和有语音外形的轻动词（phonetically realized light verbs）。我们发现在 400 余个述宾合偶词里，多数为具有轻动词语义的双音节词，非轻动词类只有大约 50 个。其中，有语音外形的轻动词除了包括传统所说的进行类形式动词外，还有遭受类动词、系属类动词、表达类动词、情态动词、介词等几种，数量有 200 多个，如下所列。

进行类形式动词：

　　X 行：进行　厉行　重行　即行　另行　实行　施行

X 作：略作　未作　另作　早作　已作

X 予：给予　应予　请予　准予　免予　可予　未予
　　　不予

X 以：加以　给以　致以　予以

X 加：必加　不加　深加　颇加　空加　虚加　再加
　　　横加　妄加　微加　面加　需加　试加　略加
　　　咸加　亲加　每加　可加　应加　擅加　越加
　　　重加　善加　多加　乱加　胡加　痛加　详加
　　　特加　硬加　细加　广加　大加　常加　未加
　　　备加　倍加　稍加　严加　屡加　宜加

其他：发生　出现　存在　开展　展开　从事

遭受类动词：

X 遭：备遭　已遭　必遭　惨遭　猛遭　恐遭　突遭
　　　频遭　忽遭　连遭　偶遭　颇遭　如遭　若遭
　　　再遭　易遭　又遭　曾遭　屡遭　倍遭

X 受：备受　谨受　屡受　免受　蒙受　必受　大受
　　　广受　接受　深受　颇受　易受　遭受　禁受
　　　忍受　经受　如受　若受　饱受　承受　身受
　　　渐受

X 遇：遭遇　偶遇　如遇　若遇　险遇

X 经：业经　饱经　几经

X 历：亲历

X 免：幸免　避免　以免

X 避：力避　规避　逃避

X 耐：难耐　忍耐

X 堪：难堪　不堪

其他：承蒙　饱尝

系属类动词：

弥足	蔚为	趋于	臻于	更趋	更臻	渐趋	渐臻
未臻	益见	益显	愈显	愈见	愈感	愈觉	备感
备尝	倍显	颇显	已趋	已臻	不胜	倍感	倍觉
顿感	顿觉	略感	略觉	如感	若感	痛感	深感
渐感	颇感	顿显	纯属	已属	均属	更属	确属
尚属	保持	维持	确保	力保	深恐	惧怕	

表达类动词：

表示	以表	深表	聊表	多谢	感谢	谢绝	婉谢
婉辞	婉拒	深致	谨致	此致	祝福	发出	奢谈

介词及"于"类：

濒临	濒于	面临	面对	直面	随之	随着	伴随
为之	用以	引以	勇于	便于	乐于	难于	严于
甘于	疏于	怯于	羞于	怠于	勤于	倦于	安于
易于							

情态动词及"有"类：

亟须	亟需	尚需	尚须	得以	无以	有幸	大有
有所	有失						

　　在述宾结构里还有一个非常大的类别是致使类合偶结构，这类结构虽然也具有轻动词"使"的含义，但由于数量众多，类型化特征突出，所以我们单列一类。我们将这类结构分为两个小类：第一类是显性致使类动词，一般包含有显著的"使、令、求、致、请"等使动义语素、直接表示使动意义的双音节动词；第二类是隐性致使类动词，即不包含上述显著的使动义语素、轻动词"使"以隐形或零的形式存在、间接表达使动意义的双音节动词。

致使类合偶词（112 个）

显性致使类动词：

带来	促进	促其	几致	力促	获致	导致	引起
引发	造成	引致	必招	促使	令人	强使	引导
务请	恳请	迫使	责令	招致	致使	力争	促成
谋求	渴求	冀求	奢求	强求	祈求		

隐性致使类动词

阻止类：

遏阻	遏止	遏制	阻止	限制	严禁	严防	压制
扼制	力阻	抑制	谨防	控制	阻碍	阻遏	阻挠
防范	防止	制约	防备	防御	阻滞	遏抑	节制
妨碍	有碍	无碍	反抗	打击	力排	中止	中断
化除	抵御	消除	排除	结束	断绝	化解	消解
粉碎	妨害	危害	损害	取消	破坏		

推延类：

延迟	推延	延期	延缓	延长	推迟	推动	推进
加强	加重	加快	加速	加深	加剧	减速	减慢
减弱	减轻	降低	增加	放开	扩大	加大	优化
深化	强化	巩固	完善	混淆	方便	扰乱	淆乱
淆惑	危及	放松	驱散				

少数不具有轻动词含义的合偶词在语义上可以大致划分为下面四类：表得失、表服从、表否定和其他。

非轻动词类合偶词

表得失：谋取　取得　大获　获得　获准　获许

表服从：听从　遵从　听候　遵守　聆听　履行　践行

　　　　信守　谨遵

表否定：不便　不善　不甘　不足　不出　不拟　无有

　　　　　不无　恕不　互无　无与

其　他：肩负　狠抓　注重　代为　治理　贪图　谋划

　　　　　略知　放弃　逃脱　脱离　退出　加入　投入

　　　　　提供　可供　以供　交付　再造　创造　完成

　　　　　谨供　以应

　　从整体上来看，述宾类合偶结构表现出轻动词的语义特征。一般所说的"形式动词"包括"进行、给以、加以、作出、予以"等五个，我们以这五个词为基础，将含有这五个核心义语素的其他动词也包含进来，将"Ｘ行""Ｘ以""Ｘ加""Ｘ作""Ｘ予"等也归为形式动词类。至于遭受类动词，范中华（1991）曾经指出遭受类动词不像一般动词那样语法自由，它们虽然是实词，但是词汇意义稀薄，不能单独作谓语，造句时具有黏着性，必须接宾语才能表达完整的意义，因而在有些语境中可以与虚词"被"替换，从这个角度来看，遭受类动词可以被视为轻动词。系属类动词类似遭受类动词，无法表达完整的语义，无法独立使用，具有黏着性，必须接形容词才能足句，因而也可视为轻动词。致使类动词总体上具有"使、让"或"不使、不让"等语义，也属于轻动词。其他不一而足。由于轻动词词汇意义虚，不能够独立作谓语，因而在句法上具有黏着性，表现为必须与实义词结合使用。这也正是上述合偶动词必须接实义性的双音节动词或形容词作宾语的语义动因。下面我们重点分析进行类动词、遭受类动词、致使类动词三大类。"Ｘ加"类作为形式动词中的一个大类，我们也单列分析。

第二节　进行类合偶动词

一　进行类合偶动词的谓词性宾语

上文所列的 72 个"进行类"形式合偶动词，它们整体表现出两个共同特征。第一，后面所接谓词性宾语必须是双音节形式，不能为单音节。例如：

进行修改——*进行改　　　　施行摘除——*施行摘

重行调查——*重行查　　　　另行支付——*另行付

作出选择——*作出选　　　　未作回答——*未作答

另作选择——*另作选　　　　给予答复——*给予答

加以修改——*加以修　　　　发生碰撞——*发生撞

出现变化——*出现变　　　　存在欺骗——*存在骗

开展训练——*开展练　　　　展开争斗——*展开争

从事调查——*从事查　　　　胡加批评——*胡加批

第二，我们在 BCC 语料库中检索上述形式动词的谓词性宾语携带受事宾语的情况，发现"予以类"（不包括"给以"）的 9 个动词和"进行类"的"厉行、重行、即行、另行"等共 13 个形式动词可以携带宾语，如表 4 - 1 所示。

表 4 - 1　部分动词携带宾语频率

合偶词	不予	予以	未予	可予	应予	准予	给予
例句/总例句	1/200	2/200	6/200	8/100	9/200	14/200	7/200
携带宾语频率	0.5%	1%	3%	8%	4.5%	7%	3.5%
合偶词	请予	免予	重行	即行	另行	厉行	
例句/总例句	1/200	87/200	24/100	28/100	43/200	4/100	
携带宾语频率	0.5%	43.5%	24%	28%	21.5%	4%	

就表 4 - 1 来看，除了"免予、重行、即行、另行"携带宾语频率超过 20%，其余 9 个词携带宾语的平均频率仅为 3.6%，极少带宾语。其余进行类动词均不可以带宾语，如：

〈1〉 a. 进行：我们必须对此事进行调查。

　　　 *我们必须进行调查此事。

　　 b. 施行：对这些案犯我们必须立即施行逮捕。

　　　 *我们必须立即施行逮捕这些案犯。

　　 c. 作出：希望有关部门对此事尽快作出答复。

　　　 *希望有关部门尽快作出答复此事。

　　 d. 给以：对学科带头人要从政策上给以支持。

　　　 *要从政策上给以支持学科带头人。

　　 e. 加以：这个问题必须加以解决。

　　　 *必须加以解决这个问题。

　　 f. 存在：商业活动中往往存在欺骗。

　　　 *商业活动中往往存在欺骗消费者。

　　 g. 展开：警方必须尽快对此事展开调查。

　　　 *警方必须尽快展开调查此事。

　　 h. 从事：她立志从事研究。

　　　 *她立志从事研究生物学。

　　 i. 胡加：对这种现象切勿胡加批评。

　　　 *切勿胡加批评这种现象。

因此，我们有必要回答两个问题：第一，为什么进行类动词后面的谓词性宾语必须为"双"，不能为"单"？第二，为什么及物性谓词性宾语失去了携带自身受事宾语的能力？

二 进行类合偶动词的合偶动因

进行类动词构成的述宾结构恰好位于核心重音的范域，必然要受到核心重音的制约，因此，我们提出，该合偶结构不能跟单音节谓词性宾语搭配是因为这样会违反汉语核心重音规则，我们将这一解释称为"核心重音论"。冯胜利（1997，2013）提出"阅读报"之类的述宾结构非法的原因是违反了汉语核心重音规则（见图 4 – 1）。

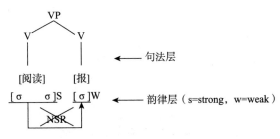

图 4 – 1   "阅读报"违反核心重音规则

根据汉语核心重音规则，句末最后一个动词把核心重音指派给其管辖的补足语，因此，宾语应该得到重音；但在"阅读报"中，双音节动词"阅读"重于单音节的宾语"报"，宾语无法得到重音，因此，该结构非法。按照这种推论，既然都是述宾结构，"进行"后面如果接单音节词"改"，则违反了汉语核心重音规则（见图 4 – 2）。

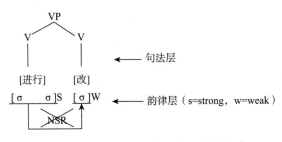

图 4 – 2   "进行改"违反核心重音规则

在［2＋1］的动动述宾结构里，宾语"改"轻于述语"进行"，因而无法得到核心重音，导致该结构非法，只能被排除。这一解释还有一个证明，就是"进行"后面的双音节谓词性宾语必须是重音节的。同样是"谓宾动词"，"打算、同意、希望"后面的谓词允许接儿化词或动词的重叠式，而"进行"不可以。[①]

> 〈2〉打算聊聊／打算找点儿——＊进行聊聊／进行聊天儿
> 同意看看／同意看点儿——＊进行谈谈／进行谈话儿
> 希望改改／希望弄点儿——＊进行改改／进行商量儿

另外，某些具有显著左重格式的双音节词如"打扮、整理"在进入"进行＋$[\sigma\sigma]_v$"结构时，已被弱化为轻声的音节均不同程度地向原有调值靠近，左重的显著重音格局变得模糊。

> 〈3〉人们利用此类装饰品 [进行打扮]，其超越常规的
> 大胆、新奇，令人惊叹。
> 布莱尔还说，美英还需要时间对已经搜集到的证据
> [进行整理]。

因此，"进行＋$[\sigma\sigma]_v$"结构不允许其后的动词宾语包含轻声，须为两个重音节，韵律分量为重，这一韵律特征使它具备了承担核心重音的条件。所以，根据核心重音指派原理，"进行"将重音指派给其补足语 $[\sigma\sigma]_v$，"$[\sigma\sigma]_v$"得到核心重音（见图 4－3）。

这一解释需要面对的质疑是：为什么加重宾语的音节分量，比如"进行全面的改"时，这一结构仍然不合法呢？对此，我们

---

① 感谢导师冯胜利先生建议用此测试方法。

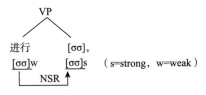

图 4 - 3　　"进行"后须接右重双音节词

认为，核心重音出现在句子基本结构中的动词及其补足语范域内。核心重音对句子基本结构和附加结构的区分来源于 Kroch 和 Joshi（1985）的树邻接语法（Tree Adjoining Grammar，TAG）。该语法区分了句子的基本结构（Elementary Trees）和附加结构（Adjunct Trees）。基本结构包括初始结构（Initial Tress）和辅助结构（Auxiliary Trees）两种。初始结构指由一个核心词和它的补足语投射而成的简单句，辅助结构是语言中可以无限递推的结构。初始结构和辅助结构遵守最小条件（Minimality Condition），即所有的初始结构都必须是简单句，所有的辅助结构都必须是最小的递推结构。初始结构借助嫁接派生法（Derivation by Adjunction）实现其结构的复杂化。例如充当辅助成分的"The girl met Bill"，通过嫁接法嫁接到初始结构"The girl saw a bird"主语的句法节点，从而实现了初始结构的复杂化，变为套嵌句"The girl who met Bill saw a bird"。汉语核心重音仅适用于句子的初始结构，即动词核心词和它的补足语，并不适用于经过嫁接产生的复杂结构（见图 4 -4）。

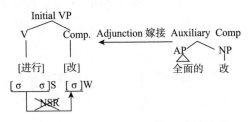

图 4 - 4　　"进行全面的改"经嫁接生成

如图 4-4 所示，核心重音在初始的 VP 结构中就已经指派完毕，所以被嫁接以后的复杂结构"进行全面的改"虽然增加了宾语的音节数量，但是并没有改变初始结构宾语单音节的事实，因而仍然不合法（见图 4-5）。

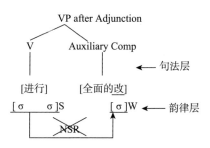

图 4-5　"进行全面的改"违反核心重音规则

"核心重音论"者仍需面对的质疑是：为什么"进行讨论问题"不能像"希望讨论问题"一样，由最后一个动词"讨论"指派核心重音给"问题"呢？我们的回答是，"进行讨论"中的"讨论"已经名物化了，不再是动词了，而"希望讨论问题"中的"讨论"仍然是动词，正如我们前面列举的，后者可以说"希望已经讨论过这个问题/希望讨论讨论这个问题/希望讨论一下这个问题"，"讨论"在这里具有动词的时体特征和重叠特征，但是我们不能说"进行已经讨论过这个问题/进行讨论讨论这个问题/进行讨论一下这个问题"，此处的"讨论"已经成为名词了，所以"进行"不能像"希望"那样指派核心重音。可见，"核心重音论"可以成功地解释"进行"后为何不能接单音节，却无法说清为何进行类动词的谓词性宾语无法像"希望"一样携带宾语。因此，我们还必须回归到"双音节韵律形态语体规则"。按照这一规则，双音节是动词名物化的韵律手段，同时也是正式体的韵律手段。进行类合偶动词后的谓词性宾语借助双音节既实现了名物化，也实现了语体的正式化。这也是其必须后接双音节词、必须合偶的语体动因。下面我们将证明，进行类合偶动词后的双音节谓词性宾语已经名物化了，因而无法携带宾语。

三　谓词性宾语无法携带宾语的原因

当我们把视线从传统的少数几个形式动词如"进行、加以"转向更大类别的形式动词如"作出、从事、开展、发生、存在"，以及遭受类动词、表达类动词，从整体上来考察这类具有轻动词特征的合偶词的时候，我们发现这些已经充当了宾语的谓词已经大大名物化了，比如"遭受敌人的袭击、大受人们的欢迎、表示衷心的感谢、进行一次大刀阔斧的改革"等等。也就是说，它们已经具有了名词的特征，从表命题的陈述义变为表行为的指称义了。因此，我们初步提出的假设是：因为这些谓词性宾语已经名物化了，所以它们当然不具有携带宾语的能力了。

现在，我们首先需要证明，上述几类形式动词后面的双音节谓词具有名词特征，已经名物化了。朱德熙（1985）曾经证明过形式动词后面谓词的名词特征，但是仅限于"进行、加以、给予、予以"四个词，我们现在试图在更大范围内证明这一结论的有效性。我们有四个测试方法。第一，这些形式动词后面可以接纯体词性成分。这意味着宾语这个句法位置允许体词性成分出现，意味着双音节动词有被"同化"而变"性"为体词性成分的可能。第二，谓词性宾语可以被数量短语修饰。由于被数量短语修饰是典型体词性成分的特征，因此当某个谓词具备这一语法特征时，便意味着该谓词已经体词化。第三，谓词性宾语可以作"的"字短语的中心成分。虽然作"的"字短语的中心成分并不是名物化的充分条件，但一般而言，该中心成分占据的往往是体词性成分的句法位置，因此如果具备这一特征，则有可能被分析为体词性成分。第四，形式动词后面可以接被"和"连接的两个双音节动词。"和"是连接体词性成分的连词，王永娜（2010：

54）提出被连词"和"连接的两个双音节动词在韵律形态的作用下已经变身为动名词了，因而才可以出现在这种体词性并列结构中。假如这一解释成立，我们可以运用这一并列结构进行测试，凡是能够出现在形式动词后"和"字并列结构中的双音节动词都已经名物化了或有一定程度的名物化。

证明一：形式动词后可以接纯体词性成分

[进行/重行/即行/施行/实施/实行] + 手术

[请予/准予/不予/未予/可予] + 探亲假

[发生/出现/存在] + 问题

[开展/展开/从事] + 活动

厉行"禁海"政策

给以一定的历史地位

致以崇高的敬意

证明二：谓词性宾语可以被数量短语修饰

进行一次调查	作出一项决定
作出一项选择	已作两场报告
另作一番关照	未作一次检查
略作一些探讨	发生一次碰撞
施行一项改革	实行一项检查
给予少许鼓励	从事一项调查
出现多次感染	展开一次进攻
开展一项研究	

证明三：谓词性宾语能作"的"字短语的中心成分

进行改革—进行渐进的改革

加以修正—加以反复的修正

厉行改革—厉行年轻化的改革

重行论证—重行彻底的论证

即行了断——即行彻底的了断

作出处理——作出严肃的处理

已作决定——已作最后的决定

略作说明——略作简要的说明

未作界定——未作具体的界定

给予评价——给予很高的评价

应予鼓励——应予一定的鼓励

未予重视——未予应有的重视

证明四：形式动词后可接被"和"连接的两个双音节动词

进行调查和研究　　　　加以鼓励和肯定

予以重视和支持　　　　给以安慰和帮助

从事教学和研究　　　　胡加批评和指责

不予理会和接受　　　　厉行改革和开放

重行讨论和研究　　　　即行抢救和治疗

另行安排和通知　　　　施行逮捕和审查

作出选择和判断　　　　略作介绍和说明

未作界定和审核　　　　请予考虑和答复

下面是我们借 BCC 语料库对本书收集的部分形式动词进行上面 4 项测试得出的结果，合偶词后面的数字表示该词可以通过的测试项数。我们发现，最容易名物化的是"发生"类和"X 予"类动词，4 项测试均可通过；其次是"X 作"类，至少通过 3 项测试；再次是"X 行"类，除"另行"外，均可通过 3 项及以上。

X 行：进行 4　厉行 3　重行 3　即行 3　另行 2　实行 4

施行 4

X 作：略作 3　未作 3　另作 3　早作 3　已作 3

X 予：给予 4　应予 4　请予 4　准予 4　免予 4　可予 4

　　　 未予 4　不予 4

X 以：加以 2　给以 4　致以 4

发生类：发生 4　出现 4　存在 4　开展 4　展开 4　从

　　　 事 4

多数形式动词的谓词性宾语可以通过上述测试，这表明，这些双音节词已经名物化了，变成了名词或具有名词的特征，因此无法再像单音节动词那样自身携带宾语了。这些谓词的受事论元，一般会借助介词前置或话题化。

进行·一项改革——＊进行改革社会——对社会进行改革

予以许多帮助——＊予以帮助别人——对别人予以帮助

展开彻底的调查——＊展开调查案件——对这次案件展开调查

未作任何准备——＊未作准备会议——这次会议未作任何准备

四　单双音节进行类动词的语体互补分布

单双音节进行类动词内部呈现出互补性分布。我们从刁晏斌（2004）收集的进行类动词里找到 7 个，并增加了"整、作出"，共得到 9 个进行类动词。对这些动词可以用不同办法来鉴别它们的语体特征，第一是根据交际三要素——场合、对象、内容来判断，在语义相同或相似的情况下，可以通过区分场合、对象来鉴别其语体。比如："整"用于老乡之间，是方言词语；"弄、搞、干"用于熟人之间，是日常随意体词语，"做"可用于熟人与陌生人之间，是通用体词语；"作出、从事、进行"可以用在陌生人或同事之间，是正式体词语。但这种鉴别方法比较宽泛，约束

力不强，得出的结论不太准确。更客观可信的方式是用语法格式
测试，假如这些词可以重叠为 VV，可以用在"V 一下"和"V
不/没 V"这些口语体格式里，则说明是日常随意体词语，反之
应为正式体词语（见表 4 - 2）。

表 4 - 2 单双音节形式动词的句法表现差异

	整	弄	搞	干	做	作	作出	从事	进行
VV	+	+	+	+	+	-	-	-	-
V 一下	+	+	+	+	+	-	-	-	-
V 不/没 V	+	+	+	+	+	-	-	-	+

我们在 BCC 语料库中检测发现，单音节类"整、弄、搞、干、
做"均可以用在上述句法格式中，而"作、作出、从事"均不
可，说明前五个为日常随意体，后三者为正式体。"作、作出、
从事、进行"还有一个特点，即后面所接谓词性宾语不能重叠，
如"＊作研究研究/＊作出选择选择/＊从事调查调查/＊进行讨
论讨论"。这也说明这四个词不是日常随意体。其中，"进行"比
较特殊，有少量例句可以用在"V 不/没 V"格式中，该词本是
公认的正式体词语，由于其使用频率是所有这些形式动词里最高
的（刁晏斌，2004：43），因此逐渐成为日常常用词语。整体来
看，这九个词大致可以分为"方言俚语—日常随意体—书面正式
体"三个语体层级。

根据第二章提出的"双音节韵律形态语体规则"，动词从单
音节变为双音节，在"变性"为名词的时候同时也实现了"变
体"，即从单音节的日常随意体变为书面正式体。因此，我们所
谈的形式类合偶动词的"配双"虽然在句法上是为了满足核心重
音的要求，但同时也实现了其表达正式体的语体功能。吕叔湘
（2002：222）在《现代汉语八百词》中指出"进行"仅用于正
式庄重的场合，朱德熙（1985）也指出"进行"类形式动词只出

现于书面语体中，陈宁萍（1987）指出"进行、加以、作出"三个词"主要用于文体风格上的需要"。如果这些判断是真实的，那么可以认为其后谓词性宾语必须"配双"正是为了实现前后语体的协调一致。王永娜（2010：42）曾经从语义上分析为什么形式动词表达正式体，她说由于形式动词抽取了其后谓词性宾语所表达的范畴意义，"去掉了表达具体的、个体的动作的内容"，实现了"泛时空化"，从而可以表达正式体。这一解释的问题在于：第一，"语义说"无法解释为什么汉语形式动词存在语体分工。形式动词包括单音节词和双音节词，单音节词如表 4 - 2 所示，属于口语体。第二，表达范畴意义不是"进行"类动词专享的语义特征，假如根据黄正德（Huang，1997）的词义分解理论，所有人类语言的动词都可以被分解为 do、cause、become、bc，这些意义高度抽象的轻动词虽然具有范畴意义，但是并不必然与正式体挂钩。"进行"表达正式体的句法动因来自于核心重音的要求，而形态动因和语体动因在于"双音节韵律形态语体规则"，即从单音节谓词转为双音节谓词，既是"变性"也是"变体"的过程。

第三节　成语化［X 加 + VV］类合偶结构

［X 加 + VV］这一结构共有三个句法特征。第一个特征是后面所接双音节动词不能再带宾语，宾语一般作为话题前置或者用介词"对"引出。

〈4〉　*我们详加调查了这个案件。

　　　这个案件我们必须详加调查。

　　　对这个案件我们必须详加调查。

这与"加以"是一致的。第二个特征是该结构与双音节动词中间不可插入状语来限定动词。

〈5〉 ＊这个问题我们必须详加审慎地调查。
　　　 这个问题必须详加调查。
　　　 这个问题必须详细审慎地调查。

我们发现，与"详加调查"相对应的"详细调查"在双音节形容词与动词谓语之间可以插入另一状语"审慎地"，而"X加"本身却必须与其后的动词谓语紧密相邻。第三个特征是"X加"后面的宾语不可以进行体词性扩展。

〈6〉 我们对农村问题须加以全面的调查。
　　　 我们对农村问题须＊详加全面的调查。
　　　 我们对农村问题须详加调查。

综合上述三个特征，即［X加＋VV］（VV表示双音节动词）结构中，VV不能携带宾语，VV既不能进行谓词性扩展，也不能进行体词性扩展。这意味着：第一，"X加"与VV形成一个紧密的不可拆分的四字格结构，作为整体在句子中发挥作用；第二，这一结构是不及物的，整体出现在句子的末端，后面没有其他句子成分。这种不可扩展性令人想起汉语四字格成语。冯胜利（2006）在《汉语书面用语初编·序言》中提出，成语是汉语最重的韵律单位，因此有"他从来＊不闻不问孩子的将来—他对孩子的将来不闻不问"的对立。笔者（贾林华，2014c）通过对130多个动词性成语的及物性进行逐一考察，发现典型动词性成语后面不能接宾语，宾语也必须用介词引出或者前置为话题。比如成语"深恶痛绝"与短语"非常痛恨"不同，前者无法携带宾语：

　　〈7〉 他们非常痛恨这种现象。

　　　　＊他们深恶痛绝这种现象。

　　　　这种现象他们深恶痛绝。

　　　　对这种现象他们深恶痛绝。

这种成语内部结构凝固，符合"词语完整性原则"（Huang，1984），即句法规则不能应用于词语内部，不能按照句法规则加以扩展，已经词汇化。冯胜利（1997）和王洪君（2008）都曾论证了汉语韵律系统的单位是"二标准，一三可容，四受限"，汉语韵律系统以双音节为标准单位，单音节的退化音步和三音节超音步为补充单位。但他们都未曾专门论证过汉语系统中存在最大的、独立韵律单位，即四字格成语。有鉴于此，笔者在冯胜利（2006）的基础上证明，四字格成语是汉语韵律系统的最大独立单位。动词性及物四字格成语充当谓语动词时，是句子中最大的韵律单位，同时也是最重的韵律成分，因而无法将核心重音指派给宾语，宾语只能或者被省略，或者转移阵地，挪至句首充当介词宾语。［X 加 + VV］结构的句法表现非常类似于典型的四字成语，不能携带宾语，是内部无法进行扩展的结果。汤廷池（2001）称其为"合成述语"（Complex Predicate）。我们把"X加"内部结构的整体不可拆分性称为"成语化"，即它已经具有了成语那样熟语化的特征。汤廷池从论旨角色分配的角度对"X加"的特殊句法表现进行了解释。我们认为可以用核心重音规则来解释该结构为什么不能带宾语。［X 加 + VV］作为四字格成语化成分，是一个句子中最大的韵律单位，因此当它作为"合成述语"充当谓语动词时，失去了指派重音给其受事宾语的能力，受事宾语只能省略或他移（见图 4－6）：

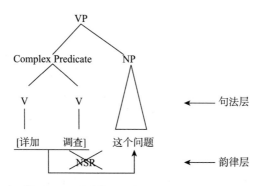

图 4 – 6　"详加调查"无法指派核心重音

正因为"详加调查"内部结构已经相当凝固，具有成语化特征，成为句子中最大的韵律单位，所以无法将重音指派给受事宾语"这个问题"，最后该结构整体得到了核心重音。至于为什么要合偶，我们认为是语体的需要造成的，即在书面正式体里，必须合偶才可以使用。可以说，对于"X 加"类词而言，它们是专门的书面正式体词，不像有些双音节词那样，可以跨体使用。

第四节　遭受类合偶动词

一般认为遭受类动词是个很小的封闭的类，常列举的也就是"受、遭、挨、蒙、受到、遭到、遭受、忍受、经受、蒙受、禁受、备受"等 10 余个（范中华，1991；王一平，1994）。我们收集的遭受类合偶动词总计 71 个，主要包括"X 遭""X 受""X 遇""X 经"等几种，其中有很多是不被词典收录的句法词。范中华（1991）指出遭受类动词不能单独作谓语，具有黏着性，后面必须接宾语，"是实词而又词汇意义稀薄，是动词而又具有虚词的黏着性"，这一点类似于介词、使动词"使、叫、让"等，与前述形式动词都可以归为轻动词的序列。这些词接动词宾语的时候动词不能是单音节，必须合偶，例如：

颇受喜爱——*颇受爱　　惨遭杀害——*惨遭杀

猛遭重击——*猛遭打　　颇遭谩骂——*颇遭骂

易受打击——*易受打　　遭受打击——*遭受打

忍受饥饿——*忍受饿　　经受打击——*经受打

险遭杀害——*险遭杀　　恐遭轰炸——*恐遭炸

突遭轰炸——*突遭炸　　已遭杀害——*已遭杀

备遭责骂——*备遭骂　　必遭仇恨——*必遭恨

频遭轰炸——*频遭炸　　忽遭殴打——*忽遭打

连遭殴打——*连遭打　　再遭轰炸——*再遭炸

易遭伤害——*易遭伤　　竟遭杀害——*竟遭杀

又遭毒手——*又遭杀　　曾遭殴打——*曾遭打

遭到殴打——*遭到打　　屡遭殴打——*屡遭打

蒙受辱骂——*蒙受骂　　深受打击——*深受打

免受惩罚——*免受罚　　承蒙厚爱——*承蒙爱

谨受教诲——*谨受教　　屡受殴打——*屡受打

承受失败——*承受败　　忍耐疼痛——*忍耐疼

历经演变——*历经变　　亲历死亡——*亲历死

几经修改——*几经改

一　遭受类动词的合偶动因

遭受类动词合偶的动因是什么呢？我们当然还可以从核心重音角度解释，单音节无法接受重音。但是这一解释忽视了这一类述宾合偶结构的本质，即"双音节韵律形态语体规则"。我们初步的观察是这些动词宾语实际上已经丧失了动词的很多特征，在这个位置已经变为名词或动名兼类了。因此，我们提出假设，合偶的原因是双音节是汉语动词变为名词的韵律手段（当然同时也是正式体手段）。要证明这一点，我们首先得说明这些动词宾语的名词化特征。范中华（1991）曾经论述过遭受类动词宾语体词化的特征。我们从三个方面来检测其体词性：第一，是否能被数量短语修饰；第二，是否能被形容词或其他定语修饰；第三，动词特征是否丧失。

宾语可以被数量短语修饰：

已遭多次破坏	必遭十倍的镇压
惨遭一记重击	猛遭一掌重击
遭受一次袭击	受到很多影响
经历一次打击	受尽一切折磨
蒙受上亿元损失	免受一场惊吓
颇受一番折磨	遭遇一次袭击
经过多次尝试	历经十余年演变
承受多次打击	禁受不少诱惑

宾语可以被各种定语修饰：

备受众人的歧视	屡受老师的批评
免受主人的侮辱	遭到残酷的迫害
已遭不同程度的破坏	必遭严厉的惩罚
惨遭对方的杀害	恐遭对方的攻击
大受群众的欢迎	深受百姓的喜爱
接受对方的道歉	饱受世人的非议
承蒙您的厚爱	承受失败的打击
忍受他人的嘲笑	遭受突然的袭击
受到巨大的影响	经历沉重的打击
受尽非人的折磨	

宾语的动词特征已经丧失：

①不能被时间副词修饰

立即惨遭杀害—＊惨遭立即杀害

已经遭受打击——*遭受已经打击

忽然遭到殴打——*遭到忽然殴打

曾经蒙受损失——*蒙受曾经损失

从未经受打击——*经受从未打击

②**不能带时态助词**

如果在炎热的夏日遭受过暴晒——*如果在炎热的夏日遭受暴晒过

他承受着煎熬——*他承受煎熬着

他忍耐着折磨——*他忍耐折磨着

他亲历过死亡——*他亲历死亡过

有一类遭受类动词带宾结构看起来颇似兼语结构，例如：

遭受敌人袭击　　遭受敌人的袭击

承蒙您厚爱　　　承蒙您的厚爱

免受主人侮辱　　免受主人的侮辱

备受众人歧视　　备受众人的歧视

上述结构从语义上看，"敌人、您、主人、众人"分别是后面的动词"袭击、厚爱、侮辱、歧视"的施事，但并不是前面的动词"遭受、承蒙、免受、备受"的受事，两者并非述宾结构；遭受类动词真正的宾语是后面的双音节动词"袭击"等。在上述结构中，语义上的施事做了行为动词的定语，它们构成定中结构，句法属性类似带"的"的结构，双音节动词"袭击"等已经指称化，具有名词的特征了。

从遭受类动词宾语的上述特征来判断，我们认为它们已经名物化或动名兼类了。我们认为该类词之所以合偶，根本动因正在于此。"核心重音规则"从反面解释了为什么不能接单音节词；

"双音节韵律形态语体规则"则从正面解释了为什么必须接双音节词，而这是更为内在的动因。当然，根据"双音节韵律形态语体规则"，这类遭受类合偶词也应属正式体。

二　单双音节遭受类动词的语体互补分布

范中华（1991）和王一平（1994）已经指出过遭受类动词在语体上是有差异的。我们发现遭受类动词在语体分布上呈现出互补特征。单音节遭受类动词主要有"受、遭、挨"三个，具有典型动词的句法特征。例如可以接体词性宾语、可以与时态助词连用、可以用在"V不V""V没V"结构中：

> 受：受了一肚子气　受过很多苦　正受着气哪
> 　　受不受气　受没受过气
> 遭：遭了不少罪　遭过不少白眼　遭不遭罪
> 　　遭没遭过罪
> 挨：挨了不少打　挨过饿　正挨着板子呢　挨不挨打
> 　　挨没挨过打

可见，这三个遭受类动词具有典型动词的数量特征、时态特征。而双音节遭受类动词则程度不等地丧失了上述三个特征。首先，从携带宾语的情况看，"接受、忍受、经受、承受、遇到、遭遇、经过、经历、历尽、亲历、避免、逃避、忍耐、饱尝、禁受"等15个词可以接体词性宾语；其余则无法携带体词性宾语，一般以双音节谓词性宾语为主。其次，从与时态助词合用来看，也是上述15个词易于与"着、了、过"连用，其余则很少连用。最后，能够进入"V不V"或"V没V"格式的双音节词更少，"遭到、接受、遭受、忍受、经受、受尽、承受、经过、经历、忍耐"等10个可以，其余则不能或接受度低。根据冯胜利（2010a）指出的正式体"泛时空化"特征，双音节遭受类动词已经全部或部分丧失了典型动词的时间特征，不同程度地被"泛时空化"，而单音节动词则具有显著的时空特征，所以是非正式体。双音节遭受类动词"泛时空化"程度并不均等，所以其语体的正式度也不相同。越是不能带携带体词性宾语，越是不能与时态助词连用，越是无法进入"Ｖ不Ｖ"或"Ｖ没Ｖ"格式，正式度越高，反之亦然。

单音节遭受类非自由语素如"蒙、经、堪"，当它们在句中独立充当句子成分时，实际运用的是文言句法，属于现代汉语系统中的文言语法成分，因而具有典雅特征。例如"蒙您厚爱、经考察、怎堪如此折磨"等，"蒙、经、堪"分别在该结构中充当谓语、述语、谓语，属于现代汉语系统中的文言典雅成分。但是对于词汇化程度高的"承蒙、经过、不堪"等词，不宜对词内成分做句法单位的分析，而应视为正式体词语。

第五节　致使类合偶动词

一　致使类合偶动词的合偶动因

致使类合偶动词为什么会合偶？观察发现，为数不少的致使类合偶动词也同上述进行类动词和遭受类动词一样，其宾语表现出体词性特征。首先，很多致使类动词后面可以携带纯体词性成分作宾语：

致使类动词＋体词性成分

带来收入	促进食欲	几致车祸	力促和平
获致结论	导致车祸	促使和平	引发车祸
引起事故	造成车祸	引致癌症	强使手段

　　谋求和平　　渴求权力　　强求情感

这促使我们思考，假如后面的宾语是谓词性的，也可能具有体词性特征。进一步观察发现，很多致使类动词后面的双音节动词确实表现出体词化特征，例如可以充当"的"字结构的核心语：

致使类动词 +（……的 + 双音节动词）

带来经济的发展　　促进双方的合作　　促其快速的合并

几致车主的死亡　　力促项目的投建　　获致双方的认可

促使各方的反思　　造成大量的损失　　导致经济的滑坡

阻止敌人的进攻　　扼制对方的发展　　压制个性的发展

至此，我们得出初步的假设是，致使类合偶动词之所以要合偶，是因为双音节是汉语的韵律形态，双音节是使汉语动词变为动名词或动名兼类的韵律形态手段。那么现在我们需要证明，致使类动词后面的双音节动词确实名物化了。我们采用的判断标准有四条：第一，致使类动词的谓词性宾语能否被副词或其他状语修饰，如"几致立即死亡"中"死亡"可以被时间副词"立即"修饰，可见"死亡"仍旧保持动词的属性；第二，是否能携带宾语，如果能，则是动词性的，如"强使"可以说"强使执行政策"，因此"执行"保有动词性；第三，宾语能否被"的"字短语修饰，如果能，说明是体词性的；第四，能否被数量短语修饰，如果可以，说明是体词性的。

　　我们首先用上述标准检测第一类致使类动词的谓词性宾语。其谓词性宾语能够被副词修饰并能携带宾语，同时又可以被"的"字短语和数量短语修饰的致使类动词有：

可被副词修饰	可携带宾语
几致（司机）立即身亡	几致（其）流落京城
务请（学校）立即执行	务请（诸位）保持肃静
迫使（飞机）立即降落	迫使（日军）放弃抵抗
责令（学校）立即拆除	责令（司机）禁用喇叭
恳请（上级）大力支持	恳请（您）支持我
致使（司机）立即身亡	致使（彼此）产生隔膜
强使（下属）立即执行	强使（下属）执行政策
导致（战争）马上爆发	导致（其）改变航向
强求（下属）立即执行	强求（配偶）驾驶宝马
祈求（未来）早日到来	祈求（他）施舍乞丐
引导（农村）大力发展	引导（农民）转变观念
促使（农村）大力发展	促使（农村）发展副业
力求（协议）尽快达成	力求（双方）达成协议
力争（目标）早日实现	力争实现目标
力促（项目）尽快投产	力促（政府）收复失地
促其早日来临	促其加快速度
令人顿时满足	令人满足现状

可被"的"字短语修饰	可被数量短语修饰
几致战争的爆发	几致大量死亡
务请深入的讨论	务请多多海涵
迫使大家的配合	迫使大量外流
责令适度的整改	责令大规模整改
恳请你的原谅	恳请一点支持
致使合同的解除	致使大量浪费
强使义务的履行	强使大批购买
导致战争的爆发	导致大量堆积
强求大家的同意	强求大量购买

祈求对方的施舍　　　　祈求巨额施舍

引导企业的发展　　　　引导多项改革

促使企业的发展　　　　促使一种转变

力求稳定的发展　　　　力求三个发展

力争目标的实现　　　　力争三个实现

力促项目的投产　　　　力促四大转变

促其稳定的发展　　　　促其大量吸纳

令人极大的满足　　　　令人一阵晕眩

我们发现，这些致使类动词后面的双音节动词并不一定充当致使类动词的宾语，对于那些既可以被副词修饰又能带宾语的双音节动词来说，它们实际是兼语结构中的谓语，当我们在中间插入兼语时，这种结构关系就更为清晰。这两类结构中的致使类动词后面的双音节动词仍然是动词，并没有体词化。而它们也并不要求后面的谓词一定是双音节的，例如：

〈8〉　强求配偶驾驶宝马　—强求丈夫开宝马车

　　　祈求他施舍乞丐　　—祈求他给乞丐钱

　　　责令有关部门删除　—责令有关部门把它删了

　　　迫使学生大量背诵　—迫使学生大量背单词

　　　强使妻子赴宴　　　—强使妻子去吃饭

但同时，这些双音节动词又可以充当"的"字短语的核心成分，可以被数量短语修饰，说明它们同时也已经体词化了，在这类结构中，它们充当的是致使类动词的宾语。因此，对于处于不同结构中的致使类动词后的双音节动词，须区别对待，合偶的要求只适用于致使类动词的谓词性宾语，而不适合兼语的谓词。除了 17 个词表现出动词性和体词性两种特征外，其余 13 个显性致使类动词包括"获致、引起、引发、引致、必招、招致、带来、促成、谋求、渴求、冀求、奢求、造成"可以通过第三条和第四条测试。它们后面接的双音节动词已经高度体词化了。

我们再用上述四条标准测试隐性致使类动词，这两类动词后的双音节动词除了个别的词如"力争"外，整体上不能被副词修饰，不能携带逻辑上的宾语，但全部可以被"的"字短语和数量短语修饰。这也说明，这两类动词后的双音节动词体词化了。

这样我们可以得出结论，致使类动词后面接谓词宾语时必须配双，因为双音节是汉语从动词变为动名词或体词化的韵律手段。同时，双音节在使动词"变性"的同时，也促成了其"变体"，这类双音节致使类动词属于正式体词。

二　单双音节致使类动词的语体互补分布

如同进行类动词和遭受类动词一样，致使类动词在语体上也表现出互补分布。比如下面四组致使类动词，其语体属性并不相同：

命	令	命令	责令
请₁	求	请求	恳求
致	使	使得	致使
让	许	禁止	严禁

我们用四条规则来区分一下四组单双音节同义词的语体层级。第一条，单音节语素在现代汉语词汇系统里如果是自由语素，则为口语体；如果是可独立充当句法单位的半自由语素，则为典雅体。第二条，单双音节动词如果可以重叠则为口语体，如果不能重叠，则为正式体。第三条，单双音节动词如果能用在

"V一下"或"VV一下"中则为口语体,否则为正式体。第四条,双音节动词如果读为或可以读为左重格局,即抑扬格,则视为口语体;如果读为右重,即扬抑格,则视为正式体;如果一个词有时读为左重,有时读为右重,则具有两种语体属性,或者属于通用体。之所以左重是口语体,是因为这种重音格局类似于含轻声的双音节词,左重常常是向轻声发展的过渡形式。表4-3对四组词进行逐一检测(空白表示不作为测试项)。

表4-3　单双音节致使类动词的句法表现差异

		自由语素		可以重叠		V一下		读为左重	
单音节词	命　令	+	-	-	-	-	-		
	请₁　求	+	+	-	+	-	+		
	致　使	-	+			-			
	(不)让 (不)许	+	-	+	-	+	-		
双音节词	命令　责令					+	-	±	-
	请求　恳求					+	+	±	-
	使得　致使					-	-	±	-
	禁止　严禁					+	-	±	-

先看单音节词,依据是否为自由语素,我们区分了"命"和"令",前者在某些情境下可以自由使用,后者在现代汉语系统内不能自由使用,因此"令"为典雅体,而"命"不是;此外,"命"虽然自由,但是不能重叠,不能说"命一下",因此为非口语体。既不是典雅体,又不是口语体,所以"命"只能是正式体。"请₁"和"求"这两个语素都是自由语素,但是"请"有不同的义项,作为"邀请"讲时可以重叠,可以说"请一下",但是作为"请求"讲时则不可;而"求"作为"请求"讲时则可以重叠,可以说"求一下"。因此,"求"为口语体,"请₁"为正式体。同样,"让"和"许",前者为自由语素,后者不自由,所以后者为典雅体;前者可以重叠,可以说"让一下",属

于口语体。

至于双音节词，借助"V一下"的测试可知，"责令、恳求、致使、严禁"为正式体，"命令、请求、使得、禁止"等的正式度要比前者低。借助重音格局的测试，我们发现"命令、请求、使得、禁止"有两种重音格局，当读为左重时则为口语体，当读为右重时则为正式体。可见这四个词实际为通用体。以下为这四组词的语体层级。

典雅体	口语体	正式度 I	正式度 II
令		命/命令	责令
	求	请₁/请求	恳求
致	使	使得	致使
许	让	禁止	严禁

由此我们发现，我们前文所说的单音节自由语素一般为口语体、相对应的同义双音节词为正式体是正确的。另外，正式度低的双音节词"命令、请求、使得、禁止"并不是合偶词，而正式度高的"责令、恳求、致使、严禁"为合偶词。这也说明合偶词是正式体词。

第六节　非合偶的［2＋1］述宾结构

语言的使用会牵涉很多因素，比如追求某种修辞效果，或者说话人一时想不到更合适的词，或者某种表达手段的缺位。这些因素往往导致原本属于不同语体层级的语法手段的错搭或混搭。我们前面说过，合偶词的理想语体域是正式体，当脱离或改变这一语体环境时，曾经的合偶词就可能不再是合偶词，从而会造成［2＋1］的非合偶韵律组配。第一种情况是合偶词进入日常随意体中，例如储诚志（2014）提到的述宾结构"禁止哭"的例子（为方便，重新罗列如下）：

〈9〉a. 月子里是<u>禁止哭</u>的，亲要想开点才行。

　　b. 小丑是<u>禁止哭</u>的。小丑要让观众笑。

　　c. 她没有<u>禁止哭</u>，因此小朋友对此很容易接受，对老师就没有了反感。

　　d. 律师也是人，也有感情的，法律没有<u>禁止哭</u>吧？

　　e. 国王<u>禁止哭</u>，便会有人想方设法地哭，不能用眼睛便用头发、耳朵甚至乳房哭。

　　f. 男子汉大丈夫，要哭就趁早，免得年纪越大，愈被<u>禁止哭</u>。

这些用例就笔者的语感而言是非常别扭的，这说明它们的合法性值得怀疑。之所以这样，难道是因为违反了核心重音规则吗？仔细分析，这些用例其实并没有违反核心重音规则。a、b 两例中有"是……的"这样的强调结构，当句中有局部窄焦点时，作为全句宽焦点的核心重音就会自动消失，因此该句无须遵守核心重音规则。c、d 例中有否定词"没有"，同样是局部窄焦点取代了宽焦点。e、f 两个例子，一个用在复句的前一小句末，一个用在句末，两句话由于句末的停顿和延音而增加了节拍，单音节词"哭"被延长，从而能够合法地接受重音。它们之所以别扭，我们认为是语体混搭的原因。"禁止"本身是书面正式体词，但是却被降级用在了日常随意体中，说话人想在口语会话中表达强行禁止的郑重之意，因而选择了正式体词"禁止"。这说明了两点。第一，语言系统允许一部分书面正式体专有词语混入日常随意体中，允许曾经严格遵守合偶要求的词降级为非合偶词。"禁止"在此处已经不再是合偶词了，已经从严格意义上的合偶词降格为非合偶词了。第二，在严格意义上的理想的书面正式体中不能使用的表达，到了口语中就合法了，因为口语对非规范表达的容忍度远远高于书面正式语体。口语体的重要特点就是现场性和即时性，说话者往往将语义的表达置于首位，而将语法的规范性置于次位，因此在口语体中充斥着大量非规范的表达方式，听话者会自动根据语法规范对其进行校正识别。

值得注意的是，从正式体到日常随意体的语体域变化只是使合偶词变为非合偶词的一个必要条件，并非充分条件，有大量的合偶词即使改变语体环境也仍然无法跟单音节搭配使用。从偶然的错搭或混搭到日渐被人们接受从而稳定下来，使用频率的提高也起着重要的促发作用。

语体域变化的第二种情况是口语体词混入书面正式体中，例如下面从 BCC 语料库中发现的两例述宾结构的"便于"用例：

〈10〉 a. 遥测站由水文自动测报站设备加配调制解调器、
电台组成，由模块记录各项水文信息，有数显
功能，便于读、调和检索。
b. 便于挤公车。

两例都给人以不顺畅的别扭感，原因是口语体词"读、挤"混入正式体中，影响了我们对其合法性的判断，更为常规的表达应为"便于阅读、便于乘坐公车"。这说明，不但口语体对规范性的容忍度较之于书面体要高，所有被观察到的自然语料都比"理想化"的纯语体的语料对错误的容忍度要高。现实语境的语体非单一性，造成了合偶词使用的大量似是而非的复杂情况。我们对合偶词的研究首先应基于纯书面正式体这一单一的理想化的语体域，我们认为只有首先把单一语体的语法属性揭示清楚，才有可能揭示语体错杂语境中的语法变异。

第七节 小结：轻动词述宾合偶的本质

本章对轻动词述宾合偶结构的四个主要类别——进行类合偶结构、[X加+VV]类合偶结构、遭受类合偶结构、致使类合偶结构的合偶成因和语体层级进行了分析。这四类述宾结构所带谓词性宾语已经不同程度地名物化或体词化了，因此，这些结构合偶的本质是，双音节是动词变为动名词或动名兼类的韵律手段。同时，从语体角度看，"单"变"双"同时也意味着语体的"变体"。双音节不但导致动词"变性"，还导致其"变体"，因此，"双音节韵律形态语体规则"促其合偶。另外，述宾结构恰好落在核心重音范域，从核心重音的角度来解释，谓词性宾语要接受核心重音，不能轻于双音节动词，所以不能为单，须为双。那么，"核心重音规则"和"双音节韵律形态语体规则"哪个是更为本质的解释呢？我们认为是"双音节韵律形态语体规则"。因为"核心重音规则"只负责解释不能"为单"，但却允许三音节及以上的宾语：

a. *办理证—办理证件—办理身份证—办理新身份证

b. *进行查—进行调查—进行大调查

而"双音节韵律形态语体规则"则规定了只能为"双"，只能"合偶"。同时，"核心重音规则"不仅涵盖了谓词性宾语，还包括体词性宾语；而"双音节韵律形态语体规则"则只专门针对谓词性宾语。"核心重音规则"只是从音节重量上说明不可为单，而"双音节韵律形态语体规则"则揭示了合偶背后的系统性动因是"双音节名物化"，这是更为内在的机制。

所以，我们认为轻动词述宾合偶结构的根本动因或者说本质是"双音节韵律形态语体规则","核心重音规则"可做辅助性解释；但对述补合偶结构如"关闭严实—＊关闭严"来说，"核心重音规则"是其合偶的主导动因。"正式体合偶规则"则对所有合偶结构都存在制约。

第五章　双动因促发的状中合偶

本章主要介绍状中合偶结构。状中合偶结构不同于第四章的述宾合偶结构，后者受制于"双音节韵律形态语体规则"、"核心重音规则"和"正式体合偶规则"等三条规则，而状中合偶结构则只受制于"双音节泛时空化语体规则"和"正式体合偶规则"两条规则。本章第一节为基本分类，指出状中合偶中的状语以紧贴谓语动词的描摹性状语为主。第二节分析其合偶动因，认为根本上是正式体的语法要求。不合偶的［2＋1］如"联手骗、全文登、混合用"等属于口语体。第三节、第四节分别介绍了双音节名词、动词直接作状语的定义、检验标准及语料收录情况，提出介词空位所造成的名词、动词直接作状语，其本质是为了韵律上的求双配偶。第五节是小结。

第一节　基本分类

本书附录共收录了 504 个状中合偶词，状中合偶词根据不同标准可以作不同分类。

标准一，根据合偶词的词性可分为合偶副词、合偶形容词、合偶动词、合偶名词四类，分别构成副词作状语的合偶结构、形容词作状语的合偶结构、动词作状语的合偶结构以及名词作状语的合偶结构。如表 5－1 所示。

表 5 - 1　状中合偶结构分类

单位：个

句法类型	词类	合偶对象	举例	数量	
副状合偶结构	合偶副词	后须接双音节动词谓语	业已完毕—＊业已完	156	187
		后须接双音节形容词谓语	万分焦急—＊万分急	31	
形状合偶结构	合偶形容词	后须接双音节动词谓语	急剧变化—＊急剧变	108	
动状合偶结构	合偶动词	后须接双音节动词谓语	酌情办理—＊酌情办	97	
名状合偶结构	合偶名词	后须接双音节动词谓语	高度夸赞—＊高度夸	112	
总计				504	

标准二，根据这些副词是否为谓语的贴身副词可分为贴身谓词性成分和非贴身性成分两类。张谊生（2000：23，209）将副词分为三大类十小类，三大类包括评注性副词、限制性副词和描摹性副词，其中限制性副词又划分为八小类。评注性副词如"显然、也许"可以在句中，也可以在句首，主要表示说话者对命题、事件的主观态度。描摹性副词在句中位置固定，一般紧贴谓语，表示对行为、状态的描摹刻画。限制性副词是副词的主体，只能作状语，句中位置有一定的自由度，主要对动作行为、性质状态进行区别限制。张谊生还提出了这三类副词的判断标准。评注性副词不能用在是非问句中，如"他毕竟是个孩子吗"不成立，因此"毕竟"是评注性副词。描摹性副词既可以充当表陈述义的动词的状语，又可以充当表指称义的动词的定语，比较"高度、即时、日益、业经"四个合偶词：

〈1〉 他高度赞扬了他的牺牲精神。

　　　对他的牺牲精神予以高度（的）赞扬。

　　　他即时答复了他们的来信。

他对他们的来信予以<u>即时</u>（的）答复。

犯罪手段也在<u>日益</u>变化当中。

切实感受到国家的<u>日益</u>变化和强大昌盛。

以上货币资金及固定资产<u>业经</u>验证属实。

＊对以上货币资金及固定资产予以<u>业经</u>的验证。

"<u>高度</u>赞扬""<u>即时</u>答复""<u>日益</u>变化"既可以是状中结构，也可以是定中结构，而"<u>业经</u>验证"则只能是状中结构，因此前三个合偶词是描摹性副词，而最后一个是限制性副词。

我们据此对附录中属于状中合偶结构的副词性成分进行了分类。限制性副词共包括 18 个时间副词、30 个程度副词、28 个否定副词、7 个范围副词、5 个协同副词、5 个重复副词、3 个频率副词，总计 96 个；其余皆为描摹性副词，包括形容词作状语、名词作状语、动词作状语以及其他副词作状语等四类。这类合偶词主要对谓语的方式、状态予以描摹。附录中没有评注性副词和关联性副词。因此，状中结构的合偶词以描摹性副词为主体，约占状中合偶词总数的 81%。张谊生（2000：217）还对副词连用共同修饰谓语时的顺序进行了排列，如图 5－1 所示。张认为描摹性副词属于贴身副词，紧贴谓语动词。因此，状中合偶结构以谓语的贴身性成分为多。

图 5－1　状中合偶结构以紧贴谓语动词的描摹性副词为主

标准三，根据谓语后是否可以接宾语分为两类。第一类不能再接宾语，主要包括不及物动词作谓语（其中也包括了含有被动性成分"为、被"的合偶结构如"<u>备为</u>喜爱"），形容词作谓语，合偶对象包含了文言成分"而、以"的合偶结构，如"凯旋而归、热诚以待"等。第二类可以接宾语，如"高度赞扬、大力推行"等。

第二节　合偶动因：正式体的语法要求

状中合偶结构不同于述宾合偶结构，后者由于处于核心重音范域，受到核心重音的制约；同时还受到"双音节韵律形态语体规则"制约，双音节动词宾语已经体词化。后面我们要谈的主谓合偶和定中合偶也同时受制于"双音节韵律形态语体规则"和"正式体合偶规则"的双重制约。而状中结构并非处于核心重音范域内①，所以不受"核心重音规则"约束，也不存在双音节韵律形态使其动词词性改变的问题，而是受到"双音节泛时空化语体规则"和"正式体合偶规则"双规则的制约。

一方面，从单双音节的对比来看，根据本书第二章第二节所阐述的"双音节泛时空化语体规则"，单音节变为双音节是汉语词汇"泛时空化"的韵律手段，同时也是口语体升级为书面正式体的韵律手段。汉语同义单双音节动词、形容词，从单音节到双音节的转变，全部或部分地失去了数量、时态、状态等具体特征，实现了"泛时空化"，从而可以表达正式体。状中合偶结构中，充当状语的双音节副词、形容、名词和动词等要求其后的谓词中心语也是双音节的，不能为单。在"从严管理—*从严管、大力改革—*大力改、从速购买—*从速买"等对立对里，同义的单双音节动词"管—管理、改—改革、买—购买"借助双音节

---

① 应当区别作为句法词的状中结构和作为短语的状中结构。嵌偶词和句法合偶词均为双音节韵律词，可以作为最小词指派核心重音，这样的状中结构处于核心重音的范域之内；而状中短语仅谓语核心词处于核心重音范域之内，状语作为附加结构，处于核心重音之外。

韵律手段，实现了泛时空化和语体的正式化。因此，它们之所以要合偶，就是因为要满足正式体的语体需求。

另一方面，从大的［2＋2］音节组配来看，合偶也是出于"正式体合偶规则"的要求，因为［2＋2］比之［2＋1］更能表达正式体。比如，在例〈2〉b和例〈3〉b中，［2＋1］的"联手救"和"就地办"在正式体中是不合法的，必须用［2＋2］的"联手救助"和"就地办理"；而在口语体中，［2＋1］的"联手骗"和"就地买"则是合法的。

〈2〉a. 广东、湖南两省去年底采取措施，［联手救助］被拐骗到羊城的湖南卖花女童。

b. 广东、湖南两省去年底采取措施，［＊联手救］被拐骗到羊城的湖南卖花女童。

c. 你们竟敢［联手骗］我？

d. 所以你们就［联手宰］我。

〈3〉a. 华侨、华人提供所在国政府颁发的定居证件影印件及我国驻该国使、领馆对其定居证件认证的证明，未建交国家［就地办理］定居证件的公证。

b. 华侨、华人提供所在国政府颁发的定居证件影印件及我国驻该国使、领馆对其定居证件认证的证明，未建交国家［＊就地办］定居证件的公证。

c. 最傻的事儿就是［就地买］了一堆不怎么需要的东西。

当然，不是所有的［2＋2］音节组配都适宜于表达正式体，正如不是所有的［2＋1］都适宜于口语体。如表5－2所示。只有均不包含轻声的［σσ＋σσ］，即前后两个双音节均为重音节的组合，如"日益改变、屡屡失败、业已完毕"才适用于正式语体；而前后两个双音节均包含可轻读音节的 $[\sigma\cdot\sigma+\sigma\cdot\sigma]$，如"越发凉快、常常知道、已经弄完"，根据"轻声的必定口语"规则，则属于口语体。当末音节轻读时，如"正确认识、基本明白、简要介绍"中的末字，$[2+2]$ 格式整体的正式度会降低。而三音节的 $[2+1]$ 组配，若三字均为重音节，如"日益变、业已完"，在现代汉语里则属于非法结构；只有在包含轻声时，如"越发凉、已经完"，才适宜于口语体。

表5－2　$[2+2]$、$[2+1]$ 状中结构语体属性对比

双双组合 I	双单组合 I	双单组合 II	双双组合 II	双双组合 III
$[\sigma\sigma+\sigma\sigma]$	$[\sigma\sigma+\sigma]$	$[\sigma\cdot\sigma+\ \cdot\sigma]$	$[\sigma\cdot\sigma+\sigma\cdot\sigma]$	$[\sigma\sigma+\sigma\cdot\sigma]$
日益改变	*日益变	越发凉	越发凉快	正确认识
屡屡失败	*屡屡败	常常让	常常知道	基本明白
业已完毕	*业已完	已经完	已经弄完	简要介绍
正式体 II	非法	口语体 I	口语体 II	正式体 I

注：音节符号前加"·"表示轻声或可轻读。

　　总体来看，状中合偶的动因源于正式体的语法要求。"双音节泛时空化语体规则"规定了双音节所具有的泛时空化特征宜于表达正式体。"正式体合偶规则"规定了均为重音节的 $[2+2]$ 相比于 $[2+1]$ 具有正式体属性。

第三节　合偶名词直接作状语

一　定义

　　我们首先需要明确本书名词作状语的定义。这里指的是普通名词直接作状语，即除时间名词、处所名词、方位名词之外的普通名词无须加状语标记"地"而直接修饰谓语动词。本书主要研究双音节名词直接作状语。下述几类不在本书研究范围内。第一，专业类术语。能源领域的术语如"风力（发电）、核能（发电）"等；体育领域的术语如"底线（扣球）、点球（获胜）、黄牌（警告）"等；医疗领域的术语如"激光（治疗）、药物（过敏）、煤气（中毒）"等；教育领域的术语如"本科（毕业）、博士（毕业）"等；科技领域的专业术语的使用自有其特殊性，限于篇幅，本书不加讨论。第二，比况类短语，如"雪片飞来"。

我们判断名词作状语的步骤如下。首先，以句法功能为主、语义内容为辅作为标准来判定一个词是否为名词。典型的名词在句法上可以被数量词修饰，可以充当句子的主语和宾语，可以作介词的宾语。不是所有的名词都具备上述三个功能，比如"前面、后面"等方位名词不能被数量词修饰，但可以充当句子的主语、宾语，可以充当介词的宾语；"实况"可以作句子的主语、宾语，如"实况播报、转播大会实况"，可以作介词的宾语，如"根据实况加以判断"，但较少被数量词修饰；"书面"一般不被数量词修饰，不作句子的主语、宾语，但可以作介词的宾语，"从书面（到口头）"，此处也应视为名词，而非词典所注释的属性词。我们把按照上述三条句法标准来判断名词称为"强标准"，仅按其中一项称为"弱标准"。如果某一词仅符合"弱标准"，但语义内容明显为名词，我们也认定其为名词。其次，判定该名词是否可以充当状语，即是否可以修饰句子的谓语。最后，须从语义上判定充当状语的名词与充当主语、宾语的名词是否具有同一性。

二　语料来源

孙德金（1995）以收词量为 8000 个的《HSK 词汇等级大纲》为基础，在 3892 个名词中找到了 60 个可以作状语的双音节名词。这些双音节词中有 3 个必须加"地"才能修饰谓语动词，即"本能、历史、逻辑"，有 29 个可以修饰单音节谓语动词。

暗中（想）	背后（看）	表面（看）	侧面（看）
低温（烧）	反面（看）	高温（烧）	现钱（买）
全部（撤）	全力（救）	实话（说）	手工（做）
微观（看）	现场（看）	现金（买）	根本（说）
整体（看）	正面（看）	志愿（去）	重点（学）
内部（看）	真心（说）	团体（买）	掌声（请）
集体（定）	局部（看）	协议（离）	义务（看）
口头（说）			

剔除掉上述 32 个及 2 个专业术语"气功（按摩）、高压（作业）"后，剩余 26 个后面必须接双音节动词。

高度赞誉——*高度夸	规模种植——*规模种
动态播放——*动态播	和平利用——*和平用
荣誉归来——*荣誉归	实况转播——*实况播
友情帮助——*友情帮	阴谋杀害——*阴谋杀
武力占据——*武力占	武装占领——*武装占
顺序进入——*顺序进	政治批评——*政治批
部分到达——*部分到	书面回答——*书面答
战术考虑——*战术想	深情陪伴——*深情陪
战略攻击——*战略攻	原则允准——*原则准
暴力逼迫——*暴力逼	精神迫害——*精神害
集体购买——*集体买	科技强国——*科技强
直线射击——*直线射	曲线行驶——*曲线开
盛情邀请——*盛情请	事实证明——*事实证

孙德金（1995）的语料库还比较小，收词数量不多。何婷婷（2006）以第 5 版《现代汉语词典》为依据，收集了 239 个直接

作状语的双音节名词。她以词典的词性标注为依据，将"高度、动态、书面、深情、直线"视为属性词，将"顺序"视为副词。我们认为这些词符合上述我们确定的名词判定标准，可以视为作状语的名词。何婷婷在孙德金的基础上新增加的符合我们定义的双音节名词如下，共 56 个。

毒刑拷问——＊毒刑问	道义退让——＊道义让
科教管理——＊科教管	电视演讲——＊电视讲
法律救助——＊法律救	非刑拷问——＊非刑问
高利借贷——＊高利借	广告售卖——＊广告卖
键盘输入——＊键盘输	巨款购买——＊巨款买
军法办理——＊军法办	商海拼搏——＊商海拼
空难丧生——＊空难死	酷刑拷打——＊酷刑打
明令停止——＊明令停	明码出售——＊明码卖
明文命令——＊明文令	幕后记录——＊幕后记
内线救援——＊内线救	配额管理——＊配额管
强力夺取——＊强力夺	轻装前行——＊轻装行
全程记录——＊全程记	全局考虑——＊全局想
全票通过——＊全票过	全情演绎——＊全情演
全权委托——＊全权托	全速行驶——＊全速开
全体起立——＊全体立	全线撤退——＊全线退
热忱奉献——＊热忱献	热线点播——＊热线点
善意批评——＊善意批	盛装出嫁——＊盛装嫁
书信答复——＊书信答	弹性翻译——＊弹性译
婉言表达——＊婉言说	现场播报——＊现场播
现货交付——＊现货交	限额销售——＊限额卖
小组汇报——＊小组报	严词质问——＊严词问
严刑拷打——＊严刑打	智力竞争——＊智力争

忠心跟随——*忠心跟　　专场表演——*专场演
专款维修——*专款修　　专书描写——*专书写
专题调查——*专题查　　专文询问——*专文问
纵深防御——*纵深防　　总体改革——*总体改
荧屏争斗——*荧屏争　　福利分配——*福利分
高考迁移——*高考迁　　单线连接——*单线连

　　何婷婷的收词范围虽然扩大了很多，但仍有遗漏，孙德金的"规模（种植）、事实（证明）、阴谋（破坏）"3个词未收录在内。我们在孙德金、何婷婷的基础上，进一步对第6版《现代汉语词典》进行了筛查，又找出下述30个符合条件的双音节名词。

旷古长存——*旷古存　　自我批评——*自我批
巨资修建——*巨资修　　整日哭泣——*整日哭
顺次进入——*顺次入　　高速驾驶——*高速开
文明驾驶——*文明开　　夙夜思考——*夙夜想
稳步上升——*稳步升　　全盘占领——*全盘占
衷心感谢——*衷心谢　　梯次配备——*梯次配
多方奔走——*多方走　　锐意改革——*锐意改
盛意邀请——*盛意请　　礼貌相待——*礼貌待
实时播放——*实时播　　通力救助——*通力救
通盘考虑——*通盘想　　重兵把守——*重兵守
区间调节——*区间调　　高效学习——*高效学
科学种植——*科学种　　定额分配——*定额分
巨幅波动——*巨幅动　　宽幅震荡——*宽幅震
深度报道——*深度报　　柔性管理——*柔性管
硬性销售——*硬性卖　　恶意批评——*恶意批

综合上述统计结果，我们确定了本书的研究对象共 112 个，我们将这类必须紧跟双音节动词的状语性双音节名词称为"合偶名词"。

三　普通名词直接作状语的实质

贾林华（2014b）曾专文分析过汉语名词作状语的句法实质。形式句法理论中的"格过滤规则"规定句子中的每一个名词性成分都必须得到格位。

> **格过滤规则**（Case Filter）（Chomsky，1980：25）
>
> * N，Where N has no Case.
>
> 名词短语如果不具有格位则不合法。

据此，普通名词作状语中的名词也必须得到格位，而格位的指派者只能是以零形式出现的介词。但是，此处的介词却"隐而不见"，原因是介词属于轻动词，轻动词在句法上很强大，但在语义上虚空。上述普通名词作状语在语义上整体表现出共性，孙德金（1995）曾概括名词作状语主要表示两类语义内容："以/用……方式/形式/手段"和"从/在……上/方面"。剔除后者表示处所的名词类，普通名词作状语其语义可以用轻动词"以/用"来概括，这个轻动词可以以零形式出现（见图 5 - 2）。

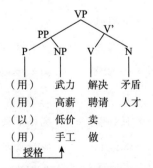

图 5 - 2　普通名词作状语轻动词以零形式出现

因为名词必须得到格位，所以普通名词作状语里的介词仍然存在，只不过是以"空位"的形式出现。

贾林华（2014b）还从韵律构词的角度特意分析了两类特殊的名词作状语。一类是单音节名词作状语修饰单音节动词，构成标准韵律词；另一类是双音节名词作状语修饰双音节动词，构成〔2 +2〕的复合韵律词（见图5 -3）。

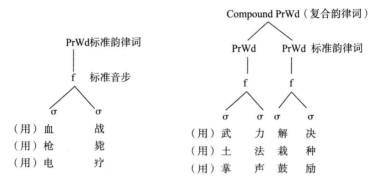

图5 -3　普通名词作状语介词空位造成韵律词

图5 -3中轻动词介词"用"的空缺正是为了满足韵律上求双配偶的需要。

上述分析从形式句法角度和韵律构词角度解释了轻动词隐形的句法和韵律动因，无疑是合理的，但却未能注意到语体在普通名词作状语中扮演的重要角色。实际上，普通名词作状语不同的韵律结构适用于不同的语体：〔2 +1〕的名状结构一般用于日常口语体，而合偶名词构成的〔2 +2〕结构则一般用于书面正式体。

四　合偶动因

我们注意到有一些双音节名词，后面既可以跟双音节动词构成〔2 +2〕结构，也可以跟单音节动词构成〔2 +1〕结构。例如"全文"用于报刊时，后面必须跟双音节动词"刊登"，而当减弱语体的正式度，增加语体的随意性时，则可以跟单音节动词"登"：

〈4〉a. 经厦门市人大常委会决定，《厦门日报》［全文刊登］《厦门市城镇房屋管理条例》。

b. 经厦门市人大常委会决定，《厦门日报》［＊全文登］《厦门市城镇房屋管理条例》。

c.《陕西电力报》［全文登］了这两封信，使广大用户看到了电力部门的诚意。

d. 把他的长篇微博［全文登］了出来。

"全文登"当处于书面正式体时是非法的，而当用于语体正式度较低的语境时则成立。这里有无"了"成为一个关键因素。"了"作为一个轻声助词，具有弱化句子语体正式度的作用。"全文刊登"和"全文刊登了"用在例〈4〉a中都可以，但后者显然减少了整饬严肃度，而增加了舒缓的语气，正式度低于前者；同样，"全文登"和"全文登了"，后者的随意度要高于前者。"全文登"用在例〈4〉b中不成立，而在例〈4〉c中则成立，"了"所造成的语体效应是其中一个关键因素（当然，"了"也具有韵律补足作用，我们对此不展开论述）。需要注意此处，"全文刊登"和"全文登"所处的句法环境是一致的，即都是述宾结构，这就排除了从句法角度对这一现象进行解释的可能。我们认为是语体的差异造成了例〈4〉a"全文刊登"和例〈4〉b"全文登"的对立，也同样是语体的原因造成了例〈4〉b和例〈4〉c"全文登"两例的对立。在语体效应下，某些合偶名词如果能够被置于合适的语境，是可以不合偶的，例如"巨资"：

〈5〉毛公鼎被著名金石学家陈介祺［巨资买入］。

毛公鼎被著名金石学家陈介祺［＊巨资买］。

〈6〉a. 据悉，国美与永乐这一联合现款［巨资买入］
　　　的方式在行业中尚属首次。

b. 据悉，国美与永乐这一联合现款［＊巨资买］
　　的方式在行业中尚属首次。

c. 今天晚上回家路上［巨资买］了个电脑！

例〈6〉的 a、b 两例属于报刊语体，是典型的书面正式语体，
"巨资买"在这一语体中不成立，可是，创造一个新的语境，例
如例〈6〉c，将"巨资买"移植入日常生活随意体，作为一种夸
张的修辞表达出现时，则成立。这种改变显示了语体对句法格式
成立与否的影响效应。

　　某些组合的名动结构是有歧义的结构，既可以理解为状中结
构，也可以理解为定中结构。当被理解为定中结构的时候，后文
我们也将指出，该结构必须合偶的原因是，双音节是汉语动词名
物化或兼类的韵律条件，单音节动词只具有动词这一种属性，无
法充当定中结构的中心成分。

〈7〉可见，推广绿色食品生产技术，实行［科学种植］，
　　　是提高能值转换率的有效途径。

可见，推广绿色食品生产技术，实行［＊科学种］，
　　是提高能值转换率的有效途径。

名动组合"科学种植"只有当动词为双音节的"种植"时才有可
能变性为动名词，从而促使"科学种植"成为定中结构，充当
"实行"的宾语；而单音节的"种"则不具有这种功能。因此，
在这一结构中名词必须与动词合偶使用。

第四节　合偶动词直接作状语

一　定义

现代汉语动词修饰谓语，有的必须加"地"，例如"同情、赞赏、注意、关心"等；有的必须加"着"，例如"站着吃—＊站吃，想着写—＊想写"；有的加"地"或"着"都可以，例如"颤抖地/着说"。本书所谓动词直接作状语，指的是状语动词和谓语动词之间不能加"地/着"的情况，例如"通报批评—＊通报地批评/＊通报着批评"，且本书仅限于研究双音节状语动词。本书将作状语的动词称为状动，被修饰的谓语动词称为谓动。我们将只可以修饰双音节谓动的双音节状动称为合偶动词。

判定谓动前的成分究竟是动词还是副词或形容词，可以依据动词的句法标准，即携带宾语，可以与时体助词"着、了、过"连用，可以用在情态动词"可以、必须、应该"后，等等。比如"定向"既可以用在动词前组合成"定向爆破"，也可用作谓语动词，如"这种设备可以定向"，我们认定其为动词。有时也可兼用形容词的鉴别标准，例如与"很"连用。比如"胜利"，它不能与"很"连用，但可以用作谓语，因而是动词。

动动组合会造成多种句法结构，有并列结构、连动结构、述宾结构，鉴定状动结构必须排除上述三种情况。我们通过提问"怎么样/如何＋谓动"来加以鉴别，凡是能够回答这一问题的动动结构都可以视为状动结构。例如"保护使用"既可以是并列结构，也可以是状动结构，它可以回答"怎么样使用"这一提问，即"以保护的方式使用"，因而可以视为状动结构。"选举任命"究竟应该理解为"选举和任命"，还是"选举以后任命"，抑或是"以选举的方式任命"？前两种理解合乎常识，后者则难以成立，无法回答"如何任命"这一提问，因而不是状动结构；但是"选举产生"则可以回答，因为可以视为状动结构。有一些双音节动词本身表示的是时间，例如"空前、届期、克期、届满、缓期、限时"等，当它们紧邻谓语动词时，也构成状动结构。

二　语料来源

孙德金（1997）以《HSK 词汇等级大纲》和孟琮等的《动词用法词典》及宋孝才的《北京话词语》为依据，统计出了双音节状动 78 个。《HSK 词汇等级大纲》收词量为 8000 个，《动词用法词典》收录动词 1223 个，两书基本覆盖的是现代汉语常用动词词语（《北京话词语》不宜作为统计现代汉语状动结构的依据）。在这 78 个词中，有 55 个可以与单音节动词搭配使用。

并列走	补充说	重复用	独立干	对比看	放手干
放心使	混合用	集中写	继续写	加紧干	加快干
加速干	降价卖	交叉种	交错种	交替用	节约用
联合干	冒险去	强制用	强迫去	突击干	选择做
延期办	预约看	抓紧干	保守治	搭配使	重叠放
概括讲	公开说	分类用	分散住	限制说	循环用
统一管	区别看	批发卖	配合用	摸索干	控制看
监视干	步行去	商量办	综合看	模仿写	滚动播
强调说	加班干	比赛定	流动住	谈判定	封闭学
协商办					

"武装、加深"不作为状语使用，有 20 个后面必须修饰双音节动词。

爆破拆除——＊爆破拆　　　变换使用——＊变换用

颠簸行驶—*颠簸开	分工制造—*分工造
旅行结婚—*旅行结	辐射排列—*辐射排
合作管理—*合作管	磋商购买—*磋商买
跟踪调查—*跟踪查	飞跃攀升—*飞跃升
监督使用—*监督用	缺席审判—*缺席判
胜利召开—*胜利开	配套购买—*配套买
垄断购买—*垄断买	承包租用—*承包租
持续高涨—*持续涨	隔离审查—*隔离查
选举任命—*选举命	合并管理—*合并管

　　笔者以孙德金（1997）为基础，并参考张军（2014），在第 6 版《现代汉语词典》中又穷尽性筛查到了另外 77 个后面必须修饰双音节谓动的双音节状语性动词。

保护使用—*保护用	报复杀害—*报复杀
考试录取—*考试录	借端推脱—*借端推
通报批评—*通报批	冷藏存放—*冷藏放
依法交纳—*依法交	冷冻存放—*冷冻放
遵照办理—*遵照办	作速前往—*作速去
奋起直追—*奋起追	违例比赛—*违例赛
秉烛读书—*秉烛读	携手共度—*携手度
促膝长谈—*促膝谈	饮弹而亡—*饮弹死
发奋读书—*发奋读	发愤著书—*发愤写
联袂表演—*联袂演	倾心相爱—*倾心爱
倾情表演—*倾情演	引咎辞去—*引咎辞
择期前往—*择期去	倾力相助—*倾力助
束装等待—*束装等	聚众赌博—*聚众赌
克期达到—*克期到	奋力而起—*奋力起

畅怀痛饮——＊畅怀喝　　　振臂高呼——＊振臂呼

酌情办理——＊酌情办　　　张榜招录——＊张榜招

超常上升——＊超常升　　　放怀大笑——＊放怀笑

统筹管理——＊统筹管　　　颔首而笑——＊颔首笑

挥戈冲杀——＊挥戈冲　　　居间调停——＊居间调

酌量取用——＊酌量用　　　致电询问——＊致电问

开怀畅饮——＊开怀喝　　　拦腰一抱——＊拦腰抱

量化计算——＊量化算　　　斟酌使用——＊斟酌用

人为制造——＊人为造　　　束手等待——＊束手等

循序渐进——＊循序进　　　届期完成——＊届期完

曲意回避——＊曲意避　　　四处奔走——＊四处走

忘我工作——＊忘我干　　　适时夸奖——＊适时夸

蓄意谋杀——＊蓄意杀　　　肆力改革——＊肆力改

奋勇拼搏——＊奋勇拼　　　防卫攻击——＊防卫攻

奋发学习——＊奋发学　　　有效利用——＊有效用

有序出入——＊有序出　　　定向爆炸——＊定向炸

空前高涨——＊空前涨　　　严令捉拿——＊严令捉

闪耀登场——＊闪耀登　　　借故推脱——＊借故推

踊跃前往——＊踊跃去　　　限时拆除——＊限时拆

参酌办理——＊参酌办　　　超速行驶——＊超速开

缓期付款——＊缓期付　　　机动使用——＊机动用

疾驶而去——＊疾驶去　　　疾速而去——＊疾速去

交互批改——＊交互批　　　届满选举——＊届满选

违禁捕猎——＊违禁捕　　　倾巢迁徙——＊倾巢迁

簇拥而来——＊簇拥来

以上总计 97 个是我们本书要研究的作状语的合偶动词。

三 动词直接作状语的实质

孙德金（1997）曾经概括了动词直接修饰谓语的四种语义类型，分别是：［方式＋动作］、［状态＋动作］、［时间＋动作］、［过程＋动作］。我们所搜集到的语料主要涉及前三种。其中第二种"状态＋动作"如"隔离审查""颔首而笑"实际上也可以视为"方式＋动作"；另外，只有"届期、克期、限时、届满、空前"表示谓语动词发生的时间。因此，从整体上看，我们认为上述双音节动词作状语如同名词作状语，在语义上可以统一理解为介词"以……（方式）"，如"保护使用"意为"以保护的方式使用"，"考试录取"意为"以考试的方式录取"，等等。介词之所以以零形式出现，也是因为介词属于轻动词，语义虚空，可以以空位"隐现"（见图5-4）。

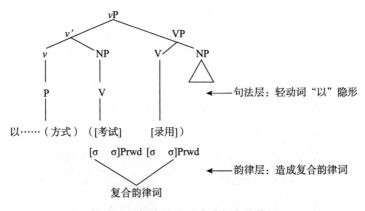

图 5-4　轻动词隐形造成复合韵律词

同时，如图5-4所示，轻动词"以"隐形后，造成了"考试录用"这样的复合韵律词。

四 合偶动因

那么，双音节动词作状语为何要合偶呢？我们认为其合偶动因也来自语体。也就是说，合偶是书面正式体的语法要求，日常随意体则允许［2＋1］的结构。我们不再举例证明。

根据孙德金（1995，1997，2012）的系列研究，现代汉语框架内名词直接作状语和动词直接作状语直接源于古代汉语的名词、动词作状语的语法传统。作为名词和动词的非典型功能，这种句法直接模仿了古代汉语名词、动词直接作状语的造句模式，在韵律的促发下省略了轻动词"以……（方式）"，例如"武力解决、联袂出演"，避免了按照现代汉语一般语法规则所生成的"以武力的方式解决、以联袂的方式出演"表达方式的冗余，造成了表达的凝练整饬，属于现代汉语语法系统中的文言成分。

但是，这并不一定能保证该结构的正式体属性。在前面列举的 55 个状动结构里，双音节动词状语后面可以接单音节动词如"混合用、集中写"，这些结构［2＋2］的韵律组配结构在口语中也存在。只有在［2＋2］韵律组配里，名词和动词直接作状语才具有了正式体属性。因此，我们认为，合偶的根本动因是正式体的需求。"正式体合偶规则"从［2＋2］整体结构上强制规定必须合偶，而"双音节泛时空化语体规则"则保证了其中的两个构成部件分别先具有正式体属性。

第五节　小结：状中合偶的本质

本章的主要结论如下。

第一，状中合偶结构中的状语主要是紧贴谓语动词的描摹性状语。

第二，状中合偶结构的根本合偶动因在于正式体的要求。一旦脱离正式体，状中结构并不一定合偶。

第三，名词、动词直接作状语是由介词"隐身"空位导致的，其目的是求双配偶，造成具有正式体属性的复合韵律词。

第四，"双音节泛时空化语体规则"从构成部件上保证了单个双音节词的正式体属性，而"正式体合偶规则"则从整体结构上强制规定了在正式体中必须合偶。

第六章　韵律形态促发的主谓合偶与定中合偶

本章介绍了主谓和定中两类合偶结构，认为其合偶动因是"双音节韵律形态语体规则"，同时也遵守"正式体合偶规则"。本章还结合第四章、第五章对述宾合偶结构和状中合偶结构的分析，比较了双音节动词在状中结构、定中结构、述宾结构、主谓结构等四种不同句法位置时的泛时空化表现，发现状中结构中的双音节谓词泛时空化程度最低，主谓结构中的谓词性主语泛时空化程度最高。因此，虽然双音节韵律形态是实现动词名物化的韵律手段，但在不同句法位置的实现程度并不相同。另外，我们还发现，主谓合偶结构由于没有受到核心重音的分离力，凝固性比述宾结构要强，像"考虑不周、关爱有加、奔流不止"等近似于成语。

第一节　基本分类

主谓合偶结构主要分为两大类：一类是合偶形容词，要求主语是双音节动词，共计 276 个；另一类是合偶动词，要求主语是双音节动词，共计 33 个。例如：

分配不公—＊分不公　　考虑不周—＊想不周

应答迟缓—＊答迟缓　　转变彻底—＊变彻底

竞争残酷——*争残酷	死伤惨重——*伤惨重
表演超绝——*演超绝	运输畅通——*运畅通
关爱备至——*爱备至	饮用过度——*饮过度
改造完结——*改完结	修建完竣——*修完竣
奔流不止——*流不止	疼爱有加——*爱有加
使用受限——*用受限	解答从略——*答从略

定中合偶结构主要分两类：一类是合偶形容词，要求修饰双音节动词中心语，共计 224 个；另一类是合偶动词，要求修饰双音节动词中心语，共计 9 个。例如：

安全飞行——*安全飞	基本变化——*基本变
悲壮呐喊——*悲壮喊	逼真表演——*逼真演
炽烈赞美——*炽烈赞	残忍竞争——*残忍争
彻底转变——*彻底变	多重选择——*多重选
汇报表演——*汇报演	劳动收获——*劳动获
出入检查——*出入查	比赛点评——*比赛评

上述定中合偶结构是具有歧义的结构，也可能被理解为状中结构。我们之所以认定它们为定中而非状中，是因为它们可以通过下面的语法测试。第一，可以被数量短语修饰；第二，可以充当句子的宾语。例如：

可以被数量短语修饰

一次安全飞行	一个基本变化	一次悲壮呐喊
一场逼真表演	一场比赛点评	一次炽烈赞美
一场残忍竞争	一次彻底转变	一场汇报表演
多次出入检查		

可以作动词的宾语

重视这次安全飞行　　　　面对这种<u>基本</u>变化

聆听诗人的悲壮呐喊　　　观看了一场<u>逼真</u>表演

喜欢别人的炽烈赞美　　　退出这种<u>残忍</u>竞争

面临<u>彻底</u>转变　　　　　面对<u>多重</u>选择

进行汇报表演　　　　　　通过<u>出入</u>检查

进行<u>比赛</u>点评

第二节　合偶动因

在上述主谓合偶结构和定中合偶结构中，当主语或定语中心语由动词来担任时，动词必须为双音节，不能是单音节。两类结构合偶的动因是一致的，即汉语双音节是动词变为动名词或动名兼类的韵律形态条件。比如"转变彻底—*变彻底"的对立中，只有双音节的"转变"才可能变性为动名词或动名兼类，从而有资格充当主语，而单音节的"变"则不可；同样，"<u>逼真</u>表演—*<u>逼真</u>演"的对立中，只有双音节的"表演"才可能变性为名词，从而充当定语中心语，而单音节的"演"则不可。单音节动词在该结构中无法实现变性，因而无法充当主语或定语中心语。王丽娟（2009）曾谈到一种不同于此处韵律促发变性的"句法变性"，即特殊的句法位置促使动词充当主语或中心语：

〈1〉来，我们高兴；不来，也没什么。

　　他的走让我们很意外。

单音节动词"来"和"走"在此处充当了句子主语和定语中心

语，但此处动词是否变性为名词还很难说，毋宁说是"句法赋格"，即主语和中心语的句法位置赋予了处于该位置的动词以"主格"或"中心格"。但为什么在上述主谓合偶结构和定中合偶结构中，单音节虽然处于主语位置和中心语位置，却既未变性也未被赋格呢？可见，韵律形态才是动词变性的根本原因，"句法赋格"只是一种方便的解释策略而已。

如前文所述，双音节韵律形态不但导致词性的变化，同时也导致语体的变化，在实现变性的同时实现了"变体"，动词变为动名词后，其作为动词的典型特征被抽取或消除了，从而实现了"泛时空化"，达到了表达正式体的目的。因此，主谓和定中合偶结构也属于书面正式体的表达手段。

不过，联系第四章中的述宾合偶结构、第五章中的状中合偶结构，以及本章的主谓合偶结构和定中合偶结构，我们发现双音节动词分别充当了宾语、谓语、主语和中心语。这使我们不禁发问：虽然就一般而言，双音节韵律形态是汉语动词名物化或体词化的韵律手段，但是处于不同句法位置的同一动词的体词化程度，亦即泛时空化程度都相同吗？考虑到双音节动词本身的泛时空化程度会对整个合偶结构的语体属性造成影响，我们有必要考察一下双音节动词居于四种句法位置——谓语、主语、宾语、定中结构的中心语时的泛时空化表现。

第三节　VV 在不同句法位置的泛时空化和正式度

双音节动词在不同句法位置所表现出的体词性差异已经引起了学者的关注。陈宁萍早在 1987 年就指出，根据连续统的观点，汉语从动词到名词之间存在着一个渐变的连续统。张国宪（1997）在分析动词作定语时曾举例说明汉语的词类系统正出现功能的游移：

述宾	述宾/偏正	偏正
→		
研究佛教	研究问题	研究机关

双音节词"研究"在处于述宾结构、偏正结构中时，其体词性特征是不同的，其"泛时空化"的程度也有差异，在述宾结构中保留了动词的典型特征，例如与动态助词"着、了、过"连用，而在偏正结构中这些典型特征消失了。现在我们以"编写"和"出版"为例，分析一下同一个双音节动词处于不同句法位置时泛时空化程度的差异。比如：

述宾	偏正	的 + VV	进行 + VV
编写教材	教材编写	教材的编写	对教材进行编写
出版作品	作品出版	作品的出版	对作品进行出版

　　我们通过对不同句法结构中"编写、出版"进行谓词性和体词性特征的测试，来鉴定其体词化程度高低。述宾结构中"编写""出版"可以与时态助词连用，其他三种则不可，因此动词性特征最强，泛时空化程度最低。偏正结构是非常不稳定的结构，孤立状态下可以比较自由地插入许多副词性成分，改变其属性："教材必须编写、作品应当出版"。同样孤立状态下"的"字短语则不能随便插入："教材的必须编写、作品的应当出版"都是不能说的，原因是"的"字短语凝固性更强，名词属性明晰。因此［"的"+ VV］结构中"编写""出版"的体词化程度要高于无"的"的偏正结构。［进行 + VV］对 VV 的限制更大，"的"字短语可以出现副词性修饰语，例如"教材的重新编写、作品的即将出版"都是成立的，但是"对教材进行重新编写、对作品进行即将出版"都是不成立的，必须说"重新对教材进行编写、即将对作品进行出版"，副词修饰语必须离

开"编写""出版"前置，也就是说二者已经失去了被副词修饰的能力。根据语体理论可知，谓词性特征越强，动词的具时空化特征越显著，泛时空化程度越弱，正式度越低；反之，泛时空化程度越强，正式度越高。所以我们得出了上述四种句法结构中双音节动词语体正式度的排序。[①]

正式度降低			正式度提高
谓词性增强			体词性增强
述宾	偏正	的 + VV	进行 + VV
正式度 Ⅰ	**正式度 Ⅱ**	**正式度 Ⅲ**	**正式度 Ⅳ**
编写教材	教材编写	教材的编写	对教材进行编写
出版作品	作品出版	作品的出版	对作品进行出版

第四节 VV 在不同合偶结构中的泛时空化和正式度

由上文可以推知，在不同合偶结构中的双音节动词，其泛时空化度也应有所不同。同一双音节动词，处于述宾合偶结构的宾语位置、处于状中合偶结构的谓语位置、处于主谓合偶结构的主语位置、处于定中合偶结构的核心语位置，其正式度也应有所差异。我们同样对处于下面四组合偶结构中的同一双音节动词的谓词性和体词性特征加以比较分析：

状中	主谓	定中	述宾
高度评价	评价失当	正确评价	进行评价

[①] 值得一提的是，冯胜利（2015）也列出了"编教材—编写教材—教材编写—对教材进行编写"的正式度排序，但未加以论证。

| 有力打击 | 打击顺利 | 沉重打击 | 遭受打击 |
| 业已死亡 | 死亡严重 | 死亡训练 | 导致死亡 |

第一，状中合偶结构中的双音节动词仍然可以与时体助词连用，其余三个则不可，因此，该结构中的双音节动词谓词性特征最强。

第二，根据本章第三节的结论，定中结构与述宾结构相比，同一双音节动词在定中结构的体词性特征弱于述宾结构。尤其对于定中合偶结构来说，"正确评价""沉重打击"属于歧义性结构，还可以被理解为状中，说明这一位置的双音节动词并不具有确定的体词性特征。

第三，主谓合偶结构和述宾合偶结构中的双音节动词，谁的体词性特征更显著呢？我们发现，同一个双音节动词，分别居于主语位置和宾语位置，"指称性"的表现并不相同。表现在"定指性/不定指性""转指/自指"的对立，由此造成体词化程度的差异。一方面，谓词性主语的"指称性"强于谓词性宾语。由于主语一般是作为谈话双方已知、共有的信息出现的，是确定的、定指的，因此可以用"这"来代指；而谓词性宾语一般作为谈话双方期待的信息置于句末，是未知信息，是不确定的，不能用"这"指代。

〈1〉社会财富的分配，在奥地利是各种力量协商、妥协的结果。

社会财富的分配，（这）在奥地利是各种力量协商、妥协的结果。

〈2〉人们将理性地改革社会体制，合理均衡物质财富的分配。

*人们将理性地改革社会体制，合理均衡（这）物质财富的分配。

　　另一方面，处于主语位置的谓词指称的不再是动作行为本身，而转为表示一个完整的历史事件。从认知语法的角度来分析，表达已知信息的主语是作为一个结果性的事件被一次性完整扫描的，呈现为业已预制好的成品；而作为未知信息的谓词性宾语仍然指向动作行为本身。根据第四章的研究，进行类动词、遭受类动词、致使类动词后面要接谓词性宾语。由于这些动词都属于轻动词，仅可以表达抽象的类义，如进行义、遭受义、致使义，本身并不表达实在的语义，谓词性宾语就成为具体语义的承载者。因此，如果说谓词性主语转指了结果性事件，那么谓词性宾语则仍然自指行为本身。

　　我们认为，上述"定指性/不定指性""转指/自指"的指称的差异实际上反映了谓词性主语、宾语体词化程度的不同。"定指"比"不定指"更静态，"转指"比"自指"更抽象，两者都导致谓词性主语比谓词性宾语的体词化程度更高。体词化程度高意味着双音节动词泛时空化程度也高，正式度也高。[①] 因此，我们对双音节动词的泛时空化程度和相应的语体正式度有下列排序：

正式度降低			正式度提高
谓词性增强			体词性增强
状中	定中	述宾	主谓
正式度Ⅰ	**正式度Ⅱ**	**正式度Ⅲ**	**正式度Ⅳ**
高度评价	正确评价	进行评价	评价失当
有力打击	沉重打击	遭受打击	打击顺利
业已死亡	死亡训练	导致死亡	死亡严重

　　另外，从"核心重音规则"来看，述宾结构受到核心重音

---

① 当然，泛时空化程度和正式度的这一正比关系是受到制约的，具体受到怎样的制约，还需要进一步研究。

的影响，述语要将核心重音赋予宾语，宾语得到核心重音，韵律分量为重，述语为轻。因此核心重音对述宾结构具有分化的力量，使其成为一个内部断裂的结构。而对于［VV＋AA］（AA 代表双音节形容词）主谓结构来说，谓词为形容词，后面没有宾语，因此谓语只能将核心重音赋予自身。对于［VV＋VV］主谓结构如"使用受限、关爱有加"，由于谓词性主语的论元一般被前置，谓语"受限、有加"并无宾语可以接受核心重音，核心重音只能落到谓语自身上，因此主谓合偶内部没有受到核心作用的分化力量，内部结构较为紧实。我们发现，合偶结构中，很多主谓结构呈现为一种成语化凝固状态，例如"考虑不周、关爱有加、奔流不止、解答从略"具有成语的内部凝固性，这与该类结构的句法特征相关。这种句法结构的内部凝固性与［2＋2］韵律组配结合，使得［2＋2］主谓合偶结构成为一个紧凑而平衡的结构，适宜于表达正式体，且正式度高于述宾合偶结构。

第五节 小结：主谓合偶与定中合偶的本质

本章介绍了主谓合偶结构、定中合偶结构的基本类别，认为其合偶的根本动因就是"双音节韵律形态语体规则"，双音节是动词实现变"性"和变"体"的韵律手段。动词不合偶则无法充当主语和定语中心语。本章还总结了双音节动词在不同句法位置的泛时空化程度和语体正式度的差异性表现，证明了虽然就一般而言，双音节韵律形态是动词泛时空化、正式化的韵律手段，但是不同句法位置对其泛时空化程度影响并不相同，主谓合偶结构程度最高，状中合偶结构最低。本章还分析了由于核心重音的影响，主谓合偶结构的凝固性高于述宾合偶结构，语体的正式度也更高。

第七章　结语

第一节　本书的主要观点

本书是一部专门研究现代汉语合偶双音节词的学术著作。本书主要观点如下。

第一，关于合偶词的准确定义。冯胜利（2006）给出的"必须配合另一个双音节词搭配使用的双音节词"是比较宽泛的定义，我们从句法、韵律、语体三个方面扫清了合偶词定义中的盲点。句法上，我们将合偶对象限定为不加修饰成分的核心词，且剔除了并列、重叠结构，将合偶限定于"管辖"范围内。韵律上，剔除了许多貌似合偶，实则只是不能"配单"但可以"配多"使用的结构；剔除了貌似合偶的［2＋2］句法结构，剔除了音节包含轻声的情况。语体上，将合偶词的研究限定在现代汉语正式体框架内，剔除了那些既能用于正式体又能用于口语体的"伪合偶词"。最后得出了合偶词的定义：

基于管辖关系的合偶词定义：

合偶词是指现代汉语正式体里，必须与另一非轻声双音节词 Y^0 搭配使用，且与 Y^0 构成管辖关系的非轻声双音节词 X^0。

第二，提出并论证了"双音节泛时空化语体规则""双音节韵律形态语体规则""正式体合偶规则"。"双音节泛时空化语体规则"基于语体语法学的"泛时空化"理论：语言单位的时间、空间特征越是具体，越能用来缩短交际双方的距离，越能表达随意体；这些时空特征越是被抽取、被抽象化，越能拉远交际关系的距离，越能表达正式体。汉语同义双音节动词、形容词比单音节动词、形容词更具有"泛时空化"特征，因而用于表达正式体。"双音节韵律形态语体规则"指汉语双音节韵律形态不但是名物化的语法手段，也是实现正式体的手段。"正式体合偶规则"指在现代汉语正式体文本里，某些双音节词强制性地必须搭配另一个双音节词使用。这一要求基于［2＋2］音节组配所具有的整饬平衡性比之［2＋1］的悬差性更宜于表达正式体，而右重型［2＋2］比之左重型、中轻型更具正式性。

第三，揭示了合偶词合偶的内在机制。研究发现，所有合偶结构都受制于"正式体合偶规则"。述宾合偶结构受到规则制约最多，为三条；状中合偶结构同时还受到"双音节泛时空化语体规则"制约；主谓与定中合偶结构则同时还受到"双音节韵律形态语体规则"制约。列表如 7－1。

表 7－1 合偶结构所受规则的制约

	述宾合偶结构	状中合偶结构	主谓与定中合偶结构
双音节泛时空化语体规则	－	＋	－
双音节韵律形态语体规则	＋	－	＋
正式体合偶规则	＋	＋	＋
核心重音规则	＋	－	－

究其本质，述宾合偶和主谓与定中合偶的根本动因是双音节韵律形态的要求，状中合偶的根本动因是书面正式体的要求。

第四，本书分析了两类特殊合偶词"句法合偶词"和"缀式合偶词"如何在"双音节模块优先律"和"右向构词音步律"

规则的作用下组合成词，句法词中的"状中"式还受制于核心重音牵引力，尤其容易成词。句法合偶词多属"文言造词法"，即在现代汉语系统的框架内，两个单音节半自由语素组合，各自充当句法成分的造句法，例如"<u>现已查明</u>、<u>恐遭</u>袭击"，属于现代汉语中的文言成分，通过这种造句法组合成的句法合偶词，具有文言色彩，属于典雅体。缀式合偶词中的词缀"－加""－以""－于""－为""－然"也属于文言性语素，因而该类词也具有文言性；但缀式合偶词比句法合偶词词汇化程度高，正式度也高于句法合偶词。当句法合偶词和缀式合偶词进入［2＋2］韵律模块时，又受到该模块正式体属性的制约。

第二节　合偶词的本质

一　合偶词的韵律属性

合偶词是以韵律构词学为理论体系发掘出的一批双音节词。它们首先是韵律词，遵守"双音节模块优先律"和"右向构词音步律"，合偶结构是由两个标准韵律词组合成的"复合韵律词"。

二　合偶词的句法属性

合偶词是一种特殊的句法现象，其特殊性表现在合法与否受到了韵律的制约。这种特殊性显示了汉语句法受韵律制约的独特性。

合偶词既包括词法词如"进行、加以"，还包括内部凝固型程度不一的句法词如"饱受、深受、恐遭、尚需"，因此并不是一个同质的集合，在句法树形图上既可以是短语，也可以是核心词。

三　合偶词的语体属性

合偶词是一批正式体专用词，只有在现代书面汉语正式体中，这种合偶才具有"不合偶则非法"的语法强制性，离开了这一语体范畴，在现代汉语口语体、文言典雅体中，这种强制性是不适用的。

总之，合偶词是韵律现象、句法现象、语体现象，作用于三个界面的交叉处。这说明，研究汉语句法离不开韵律，离不开语体。

第三节 后续研究

一 单双音节及其组配的语体属性

本书对这一问题的探讨仍稍显粗泛。轻声单音节与非轻声单音节、单音节自由语素与非自由语素、轻声双音节与非轻声双音节，以及单双音节之间不同的组配，都可以造成不同的语体标记功能。对这些问题的理论分析以及基于文本的量化统计，仍待进一步研究。

二 单双音节语体标记功能的词类差异

名词、动词、形容词三种实词，虽然整体上都表现出单双对立的"弹性"特征，但是单双音节的语体标记功能在不同词类上似乎存在差异。我们的研究表明，这种标记性对动词来说非常显著，但是对形容词和名词究竟如何，还需要进一步研究。

三 不同语体转换与对接的语言手段

典雅体如何转换为正式体？正式体如何变为典雅体？口语体如何变得正式？正式体如何显得随意？不同语言单位，包括语素、词、短语和句法、语篇是如何通过组合调配实现上述目的的？高超的语言运用者可以在不同语体之间实现成功对接与转换。这一诱人的研究课题不但对于语体理论研究有重要意义，更是对于语言运用实践有巨大价值。

四　语体转换的修辞效果

虽然修辞领域已经把语体视为修辞的重要部分，但是对于语体的修辞效果研究仍然不够。不同语体之间的混搭、错搭什么时候协调？什么时候引起语体冲突？作家如何对不同语体进行调配、把握、控制以达到理想的修辞效果？这些既是语体研究的领域，也是文体研究的内容，新的交叉研究领域"语体—文体"有待后来者深入探索。

五　文本的量化统计

本书对合偶词语体属性的分析仅基于理论探讨，至于在各类不同的书面文本中，包括公文、新闻、散文、学术文章、宗教文章中合偶词分布情况如何，还需要具体细致的量化统计，有了相关统计，对合偶词语体属性的分析才有更有力的事实依据。

六　合偶词研究的教学应用

如何将本书的理论研究成果贯彻到对外汉语教学中的各个环节，应用到各门不同课型中，尤其是帮助中高级阶段留学生把握汉语特点，提高文本阅读能力和写作能力；同时，如何将本研究成果应用于母语语文教学尤其是写作教学，这些都是有待进一步研究的课题。

附　录　现代汉语合偶词表

说明：

（1）下画线者为合偶词，本表按句法结构对合偶词进行分类。部分合偶词会重复出现于不同合偶结构中。

（2）本表共收录 1517 个合偶词。其中状中结构 504 个（包括副状结构 187 个，形状结构 108 个，动状结构 97 个，名状结构 112 个），述宾结构 464 个，主谓结构 314 个；定中结构 235 个。

（3）"＊"表示不合法。

一　副状结构（187个）

（一）合偶副词：要求修饰双音节动词（156 个）

1. 备为喜爱—＊备为爱	2. 并肩行走—＊并肩走
3. 业经治理—＊业经治	4. 业已完毕—＊业已完
5. 并力冲杀—＊并力杀	6. 不复存在—＊不复在
7. 不苟言笑—＊不苟笑	8. 不慎丢失—＊不慎丢
9. 不得延误—＊不得误	10. 不遑多说—＊不遑说
11. 不日到达—＊不日到	12. 不暇多问—＊不暇问
13. 不齿回答—＊不齿答	14. 从简办理—＊从简办
15. 持枪抢劫—＊持枪抢	16. 将次就座—＊将次坐
17. 从严管理—＊从严管	18. 从中得到—＊从中得
19. 从权办理—＊从权办	20. 从难训练—＊从难练

21. 从缓办理——*从缓办　　22. 从宽检查——*从宽查

23. 从实回答——*从实答　　24. 从紧训练——从紧练

25. 从重惩罚——*从重罚　　26. 从轻处罚——*从轻罚

27. 从速购买——*从速买　　28. 从优聘用——*从优用

29. 大大帮助——*大大帮　　30. 大力改革——大力改

31. 大为高涨——*大为涨　　32. 率尔应答——率尔答

33. 大肆侵占——大肆占　　34. 大举庆祝——*大举祝

35. 迭次就座——*迭次坐　　36. 次第入座——*次第坐

37. 更番轮换——*更番换　　38. 因故停止——因故停

39. 一并办理——*一并办　　40. 再度光临——*再度来

41. 广为流传——广为传　　42. 即刻到来——*即刻来

43. 即时答复——*即时答　　44. 甫一诞生——*甫一生

45. 即席翻译——即席译　　46. 即日到达——*即日到

47. 特此告知——*特此告　　48. 自行前往——*自行往

49. 渐次进入——渐次进　　50. 竭诚邀请——*竭诚请

51. 久久凝望——*久久望　　52. 一举攻占——*一举占

53. 久已忘记——久已忘　　54. 不宜久留——不宜留

55. 屡屡失败——屡屡败　　56. 一俟完成——*一俟完

57. 就此结束——就此完　　58. 频数增加——*频数增

59. 切切不可——切切可　　60. 日益变化——日益变

61. 逐步变化——*逐步变　　62. 如约前往——如约去

63. 毋庸多说——毋庸说　　64. 不为人知——不为知

65. 如实交代——如实说　　66. 如期而来——如期来

67. 稍作停留——*稍作停　　68. 稍事忍耐——*稍事忍

69. 尚未开发——尚未开　　70. 以次进入——以次进

71. 难以忍受——难以忍　　72. 百般殴打——百般打

73. 聊以生存——聊以生　　74. 引以为豪——*引以豪

75. 据以支付——*据以付　　76. 无以回答——无以答

77. 用以治疗—＊用以治　　78. 赖以生存—＊赖以生

79. 依次进入—＊依次进　　80. 相互依靠—＊相互靠

81. 永世流传—＊永世传　　82. 永续使用—＊永续用

83. 自相残杀—＊自相杀　　84. 席次入座—＊席次坐

85. 立等可取—＊立等取　　86. 连番轰炸—＊连番炸

87. 偶一遇见—＊偶一见　　88. 火速赶来—＊火速来

89. 妥善办理—＊妥善办　　90. 未便细说—＊未便说

91. 切勿慌乱—＊切勿慌　　92. 妥当准备—＊妥当备

93. 毫不害怕—＊毫不怕　　94. 毫未停留—＊毫未停

95. 何以相比—＊何以比　　96. 极力躲避—＊极力躲

97. 极口夸赞—＊极口夸　　98. 极意褒奖—＊极意夸

99. 无故殴打—＊无故打　　100. 久为占据—＊久为占

101. 极大帮助—＊极大帮　　102. 加意寻求—＊加意寻

103. 就中相劝—＊就中劝　　104. 深为恼火—＊深为火

105. 肆意践踏—＊肆意踏　　106. 妥为存放—＊妥为放

107. 鲜为人知—＊鲜为知　　108. 易为喜爱—＊易为爱

109. 少为人知—＊少为知　　110. 悉心擦拭—＊悉心擦

111. 未被收录—＊未被收　　112. 如被殴打—＊如被打

113. 悉力抢救—＊悉力救　　114. 悉数归还—＊悉数还

115. 协力救助—＊协力救　　116. 协同办理—＊协同办

117. 行将死亡—＊行将死　　118. 相继死亡—＊相继死

119. 相率前往—＊相率往　　120. 日夕相处—＊日夕处

121. 已为泄露—＊已为露　　122. 一度相信—＊一度信

123. 一律归还—＊一律还　　124. 累累失败—＊累累败

125. 一概咒骂—＊一概骂　　126. 一力救助—＊一力救

127. 一经聘任—＊一经聘　　128. 速速回来—＊速速回

129. 一例办理—＊一例办　　130. 一一回答—＊一一答

131. 奋然高喊—＊奋然喊　　132. 累次失败—＊累次败

133. 幡然醒悟—＊幡然醒　　134. 遽然停止—＊遽然停

135. 溘然逝去—＊溘然死　　136. 万勿害怕—＊万勿怕

137. 率然回答—＊率然答　　138. 倏然逝去—＊倏然逝

139. 公然侵犯—＊公然犯　　140. 骤然下降—＊骤然降

141. 恣意践踏—＊恣意踏　　142. 决然而去—＊决然去

143. 频频举起—＊频频举　　144. 现已停止—＊现已停

145. 概不退还—＊概不退　　146. 深深懂得—＊深深懂

147. 也已停止—＊也已停　　148. 勃勃开放—＊勃勃开

149. 渐为人知—＊渐为知　　150. 互不尊敬—＊互不敬

151. 可被替换—＊可被换　　152. 判然不同—＊判然异

153. 若被收录—＊若被录　　154. 再次失败—＊再次败

155. 无可抵挡—＊无可挡　　156. 殷殷期盼—＊殷殷盼

（二）合偶副词：要求修饰双音节形容词（31 个）

157. 更其美丽—＊更其美　　158. 更加昂贵—＊更加贵

159. 更为奇怪—＊更为怪　　160. 益发美丽—＊益发美

161. 愈加艰难—＊愈加难　　162. 愈发美丽—＊愈发美

163. 愈益衰老—＊愈益老　　164. 益为强大—＊益为强

165. 日渐美丽—＊日渐美　　166. 日见瘦小—＊日见瘦

167. 何其遥远—＊何其远　　168. 日加严重—＊日加重

169. 极端困难—＊极端难　　170. 极为困难—＊极为难

171. 极度干旱—＊极度干　　172. 极顶真实—＊极顶真

173. 万分焦急—＊万分急　　174. 较为昂贵—＊较为贵

175. 至为美丽—＊至为美　　176. 愈为艰难—＊愈为难

177. 最为准确—＊最为准　　178. 甚为艰难—＊甚为难

179. 颇为弱小—＊颇为弱　　180. 何等艰难—＊何等难

181. 几近疯狂—＊几近疯　　182. 日臻美丽—＊日臻美

183. 日趋清洁—＊日趋清　　184. 彻骨寒冷—＊彻骨冷

185. 尤为美妙—＊尤为美　　186. 益加清晰—＊益加清

187. 已然遥远—＊已然远

二 形状结构：合偶形容词直接作状语，要求修饰双音节动词（108个）

188. 傲岸挺立—＊傲岸立　　189. 残酷杀害—＊残酷杀

190. 残忍杀害—＊残忍杀　　191. 惨淡管理—＊惨淡管

192. 惨烈牺牲—＊惨烈死　　193. 沉重坠落—＊沉重落

194. 沉痛送别—＊沉痛送　　195. 沉着应答—＊沉着答

196. 垂垂老去—＊垂垂老　　197. 急剧变化—＊急剧变

198. 飘然而至—＊飘然至　　199. 火热招募—＊火热招

200. 急遽上升—＊急遽升　　201. 紧急办理—＊紧急办

202. 紧密依靠—＊紧密靠　　203. 热烈祝贺—＊热烈祝

204. 热情接待—＊热情待　　205. 热切盼望—＊热切盼

206. 热诚相待—＊热诚待　　207. 安然返回—＊安然回

208. 傲然挺立—＊傲然立　　209. 淡然回答—＊淡然答

210. 飒然而现—＊飒然现　　211. 卓然而立—＊卓然立

212. 灿然而笑—＊灿然笑　　213. 悄然开放—＊悄然开

214. 贸然应答—＊贸然答　　215. 悠然而坐—＊悠然坐

216. 怡然而坐—＊怡然坐　　217. 杳然消散—＊杳然散

218. 快然回答—＊快然答　　219. 正确猜想—＊正确猜

220. 悍然侵占—＊悍然占　　221. 轰然倒塌—＊轰然塌

222. 豁然大笑—＊豁然笑　　223. 截然相异—＊截然异

224. 涣然散去—＊涣然散　　225. 恍然懂得—＊恍然懂

226. 巍然屹立—＊巍然立　　227. 孑然挺立—＊孑然立

228. 翩然到来—＊翩然来　　229. 屹然挺立—＊屹然立

230. 依依分别—＊依依别　　231. 精诚联合—＊精诚合

232. 殷切希望—＊殷切望　　233. 隆重召开—＊隆重开

234. 迅即打开——＊迅即开　　235. 有力消灭——＊有力灭

236. 怅惘而去——＊怅惘去　　237. 踌躇而往——＊踌躇往

238. 郑重感谢——＊郑重谢　　239. 亟亟奔走——＊亟亟奔

240. 粗暴对待——＊粗暴待　　241. 谨慎应答——＊谨慎答

242. 精准发射——＊精准射　　243. 源源输送——＊源源送

244. 充分相信——＊充分信　　245. 宽大释放——＊宽大放

246. 迅急上升——＊迅急升　　247. 不易选择——＊不易选

248. 脉脉凝望——＊脉脉望　　249. 蓬勃生长——＊蓬勃长

250. 翩翩飞舞——＊翩翩飞　　251. 瑟瑟颤抖——＊瑟瑟抖

252. 勤恳教学——＊勤恳教　　253. 勤苦学习——＊勤苦学

254. 严正判决——＊严正判　　255. 忐忑面对——＊忐忑对

256. 慎重办理——＊慎重办　　257. 深入询问——＊深入问

258. 深切回忆——＊深切忆　　259. 均衡分配——＊均衡分

260. 切实转变——＊切实变　　261. 简明介绍——＊简明说

262. 严厉批评——＊严厉批　　263. 严肃对待——＊严肃待

264. 欣欣生长——＊欣欣长　　265. 徐徐行走——＊徐徐走

266. 深刻改变——＊深刻改　　267. 精彩表演——＊精彩演

268. 呦呦鸣叫——＊呦呦叫　　269. 茁壮成长——＊茁壮长

270. 谆谆教导——＊谆谆教　　271. 壮烈而亡——＊壮烈死

272. 频繁变化——＊频繁变　　273. 光荣到达——＊光荣到

274. 迅速撤退——＊迅速撤　　275. 圆满结束——＊圆满完

276. 严格检查——＊严格查　　277. 坚强忍受——＊坚强忍

278. 成功跨越——＊成功越　　279. 坚决治理——＊坚决治

280. 平稳驾驶——＊平稳开　　281. 健康成长——＊健康长

282. 基本达到——＊基本达　　283. 审慎考虑——＊审慎想

284. 稳妥到达——＊稳妥到　　285. 剧烈爆炸——＊剧烈炸

286. 密切观察——＊密切看　　287. 激烈撕咬——＊激烈撕

288. 盛大开启——＊盛大开　　289. 切身懂得——＊切身懂

290. 严密防范——＊严密防　　291. 超然对待——＊超然待

292. 激剧斗争——＊激剧斗　　293. 迅疾离去——＊迅疾去

294. 火爆售卖——＊火爆卖　　295. 震撼出售——＊震撼卖

三　动状结构：合偶动词直接作状语，要求修饰双音节动词（97个）

296. 爆破拆除——＊爆破拆　　297. 变换使用——＊变换用

298. 颠簸行驶——＊颠簸开　　299. 分工制造——＊分工造

300. 旅行结婚——＊旅行结　　301. 辐射排列——＊辐射排

302. 合作演出——＊合作演　　303. 磋商购买——＊磋商买

304. 跟踪调查——＊跟踪查　　305. 飞跃攀升——＊飞跃升

306. 监督使用——＊监督用　　307. 缺席审判——＊缺席判

308. 胜利召开——＊胜利开　　309. 配套购买——＊配套买

310. 垄断购买——＊垄断买　　311. 承包租用——＊承包租

312. 持续高涨——＊持续涨　　313. 隔离审查——＊隔离查

314. 选举任命——＊选举命　　315. 保护使用——＊保护用

316. 报复杀害——＊报复杀　　317. 考试录取——＊考试录

318. 借端推脱——＊借端推　　319. 通报批评——＊通报批

320. 冷藏存放——＊冷藏放　　321. 依法交纳——＊依法交

322. 冷冻存放——＊冷冻放　　323. 遵照办理——＊遵照办

324. 作速前往——＊作速去　　325. 奋起直追——＊奋起追

326. 违例比赛——＊违例赛　　327. 秉烛读书——＊秉烛读

328. 携手共度——＊携手度　　329. 促膝长谈——＊促膝谈

330. 饮弹而亡——＊饮弹死　　331. 发奋读书——＊发奋读

332. 发愤著书——＊发愤写　　333. 联袂表演——＊联袂演

334. 倾心相爱——＊倾心爱　　335. 倾情表演——＊倾情演

336. 引咎辞去——＊引咎辞　　337. 择期前往——＊择期去

338. 倾力相助——＊倾力助　　339. 束装等待——＊束装等

340. 聚众赌博——＊聚众赌　　341. 克期达到——＊克期到

342. 奋力而起——＊奋力起　　343. 畅怀痛饮——＊畅怀喝

344. 振臂高呼——＊振臂呼　　345. 酌情办理——＊酌情办

346. 张榜招录——＊张榜招　　347. 超常上升——＊超常升

348. 放怀大笑——＊放怀笑　　349. 统筹管理——＊统筹管

350. 颔首而笑——＊颔首笑　　351. 挥戈冲杀——＊挥戈冲

352. 居间调停——＊居间调　　353. 酌量取用——＊酌量用

354. 致电询问——＊致电问　　355. 开怀畅饮——＊开怀喝

356. 拦腰一抱——＊拦腰抱　　357. 量化计算——＊量化算

358. 斟酌使用——＊斟酌用　　359. 束手等待——＊束手等

360. 循序渐进——＊循序进　　361. 届期完成——＊届期完

362. 曲意回避——＊曲意避　　363. 四处奔走——＊四处走

364. 忘我工作——＊忘我干　　365. 适时夸奖——＊适时夸

366. 蓄意谋杀——＊蓄意杀　　367. 肆力改革——＊肆力改

368. 奋勇拼搏——＊奋勇拼　　369. 防卫攻击——＊防卫攻

370. 奋发学习——＊奋发学　　371. 有效利用——＊有效用

372. 有序出入——＊有序出　　373. 定向爆炸——＊定向炸

374. 空前高涨——＊空前涨　　375. 严令捉拿——＊严令捉

376. 闪耀登场——＊闪耀登　　377. 借故推脱——＊借故推

378. 限时拆除——＊限时拆　　379. 参酌办理——＊参酌办

380. 超速行驶——＊超速开　　381. 缓期付款——＊缓期付

382. 机动使用——＊机动用　　383. 疾驶而去——＊疾驶去

384. 疾速而去——＊疾速去　　385. 交互批改——＊交互批

386. 届满选举——＊届满选　　387. 违禁捕猎——＊违禁捕

388. 倾巢迁徙——＊倾巢迁　　389. 合并管理——＊合并管

390. 簇拥而来——＊簇拥来　　391. 人为制造——＊人为造

392. 踊跃前往——＊踊跃去

四　名状结构:合偶名词作状语，要求直接修饰双音节动词（112个）

393. 高度赞誉—＊高度夸　　394. 规模种植—＊规模种

395. 动态播放—＊动态播　　396. 和平利用—＊和平用

397. 荣誉归来—＊荣誉归　　398. 实况转播—＊实况播

399. 友情帮助—＊友情帮　　400. 阴谋杀害—＊阴谋杀

401. 武力占据—＊武力占　　402. 武装占领—＊武装占

403. 顺序进入—＊顺序进　　404. 政治批评—＊政治批

405. 部分到达—＊部分到　　406. 书面回答—＊书面答

407. 战术考虑—＊战术想　　408. 深情陪伴—＊深情陪

409. 战略攻击—＊战略攻　　410. 原则允准—＊原则准

411. 暴力逼迫—＊暴力逼　　412. 精神迫害—＊精神害

413. 集体购买—＊集体买　　414. 科技强国—＊科技强

415. 直线射击—＊直线射　　416. 曲线行驶—＊曲线开

417. 盛情邀请—＊盛情请　　418. 事实证明—＊事实证

419. 硬性销售—＊硬性卖　　420. 恶意批评—＊恶意批

421. 毒刑拷问—＊毒刑问　　422. 道义退让—＊道义让

423. 科教管理—＊科教管　　424. 电视演讲—＊电视讲

425. 法律救助—＊法律救　　426. 非刑拷问—＊非刑问

427. 高利借贷—＊高利借　　428. 广告售卖—＊广告卖

429. 键盘输入—＊键盘输　　430. 巨款购买—＊巨款买

431. 军法办理—＊军法办　　432. 商海拼搏—＊商海拼

433. 空难丧生—＊空难死　　434. 酷刑拷打—＊酷刑打

435. 明令停止—＊明令停　　436. 明码出售—＊明码卖

437. 明文命令—＊明文令　　438. 幕后记录—＊幕后记

439. 内线救援—＊内线救　　440. 配额管理—＊配额管

441. 强力夺取—＊强力夺　　442. 轻装前行—＊轻装行

443. 全程记录——＊全程记　　444. 全局考虑——＊全局想

445. 全票通过——＊全票过　　446. 全情演绎——＊全情演

447. 全权委托——＊全权托　　448. 全速行驶——＊全速开

449. 全体起立——＊全体立　　450. 全线撤退——＊全线退

451. 热忱奉献——＊热忱献　　452. 热线点播——＊热线点

453. 善意批评——＊善意批　　454. 盛装出嫁——＊盛装嫁

455. 书信答复——＊书信答　　456. 弹性翻译——＊弹性译

457. 婉言表达——＊婉言说　　458. 现场播报——＊现场播

459. 现货交付——＊现货交　　460. 限额销售——＊限额卖

461. 小组汇报——＊小组报　　462. 严词质问——＊严词问

463. 严刑拷打——＊严刑打　　464. 智力竞争——＊智力争

465. 忠心跟随——＊忠心跟　　466. 专场表演——＊专场演

467. 专款维修——＊专款修　　468. 专书描写——＊专书写

469. 专题调查——＊专题查　　470. 专文询问——＊专文问

471. 纵深防御——＊纵深防　　472. 总体改革——＊总体改

473. 荧屏争斗——＊荧屏争　　474. 福利分配——＊福利分

475. 高考迁移——＊高考迁　　476. 单线连接——＊单线连

477. 旷古长存——＊旷古存　　478. 自我批评——＊自我批

479. 巨资修建——＊巨资修　　480. 整日哭泣——＊整日哭

481. 顺次进入——＊顺次入　　482. 高速驾驶——＊高速开

483. 文明驾驶——＊文明开　　484. 夙夜思考——＊夙夜想

485. 稳步上升——＊稳步升　　486. 全盘占据——＊全盘占

487. 衷心感谢——＊衷心谢　　488. 梯次配备——＊梯次配

489. 多方奔走——＊多方走　　490. 锐意改革——＊锐意改

491. 盛意邀请——＊盛意请　　492. 礼貌相待——＊礼貌待

493. 实时播放——＊实时播　　494. 通力救助——＊通力救

495. 通盘考虑——＊通盘想　　496. 重兵把守——＊重兵守

497. 区间调节——＊区间调　　498. 高效学习——＊高效学

499. 科学种植—＊科学种　　500. 定额分配—＊定额分

501. 巨幅波动—＊巨幅动　　502. 宽幅震荡—＊宽幅震

503. 深度报道—＊深度报　　504. 柔性管理—＊柔性管

五　述宾结构（464个）

（一）合偶动词：宾语为双音节动词（396个）

505. 濒临死亡—＊濒临死　　506. 濒于死亡—＊濒于死

507. 不堪忍受—＊不堪忍　　508. 规避失败—＊规避败

509. 备遭责骂—＊备遭骂　　510. 必受惩罚—＊必受罚

511. 必招仇恨—＊必招恨　　512. 防备丢失—＊防备丢

513. 不便细说—＊不便说　　514. 不予办理—＊不予办

515. 不甘失败—＊不甘败　　516. 听从劝诫—＊听从劝

517. 并无改变—＊并无变　　518. 不善言谈—＊不善谈

519. 大受喜爱—＊大受爱　　520. 此致问候—＊此致问

521. 不出猜想—＊不出猜　　522. 不足挂齿—＊不足说

523. 促进生长—＊促进长　　524. 促使提高—＊促使高

525. 促其成长—＊促其长　　526. 大获全胜—＊大获胜

527. 得以通过—＊得以过　　528. 遏阻改革—＊遏阻改

529. 遏止下跌—＊遏止跌　　530. 遏制上升—＊遏制升

531. 亟须改革—＊亟须改　　532. 加以修理—＊加以修

533. 广受喜爱—＊广受爱　　534. 亟待调查—＊亟待查

535. 亟需审查—＊亟需查　　536. 谨作尝试—＊谨作试

537. 可望完成—＊可望完　　538. 免予测试—＊免予试

539. 可予通过—＊可予过　　540. 遵从教诲—＊遵从教

541. 幸免惩罚—＊幸免罚　　542. 尚待调查—＊尚待查

543. 尚需利用—＊尚需用　　544. 扰乱睡眠—＊扰乱睡

545. 尚须治疗—＊尚须治　　546. 深致谢忱—＊深致谢

547. 谨致感谢—＊谨致谢　　548. 特致谢忱—＊特致谢

549. 终致怨恨——＊终致恨

550. 已致死亡——＊已致死

551. 恐致惊吓——＊恐致吓

552. 多谢夸奖——＊多谢夸

553. 感谢回答——＊感谢答

554. 欢迎光临——＊欢迎来

555. 未予通过——＊未予过

556. 谨遵教诲——＊谨遵教

557. 进行会谈——＊进行谈

558. 厉行改革——＊厉行改

559. 力行改变——＊力行改

560. 阻止召开——＊阻止开

561. 重行办理——＊重行办

562. 即行停止——＊即行停

563. 另行办理——＊另行办

564. 反抗辱骂——＊反抗骂

565. 防御攻击——＊防御攻

566. 结束调查——＊结束查

567. 经历失败——＊经历败

568. 取得胜利——＊取得胜

569. 损害生长——＊损害长

570. 贪图玩乐——＊贪图玩

571. 推迟调查——＊推迟查

572. 实行改革——＊实行改

573. 推动改革——＊推动改

574. 推进改革——＊推进改

575. 危害生长——＊危害长

576. 限制出入——＊限制出

577. 给以帮助——＊给以帮

578. 致以问候——＊致以问

579. 有待查明——＊有待查

580. 暂缓办理——＊暂缓办

581. 有望通过——＊有望过

582. 有碍观瞻——＊有碍看

583. 有赖治疗——＊有赖治

584. 存在欺骗——＊存在骗

585. 有幸进入——＊有幸进

586. 无有生长——＊无有长

587. 大有变化——＊大有变

588. 予以协助——＊予以助

589. 给予帮助——＊给予帮

590. 应予派遣——＊应予派

591. 请予办理——＊请予办

592. 准予通过——＊准予过

593. 淆乱视听——＊淆乱听

594. 淆惑视听——＊淆惑听

595. 获准通过——＊获准过

596. 脱离危险——＊脱离险

597. 获许出入——＊获许入

598. 深受打击——＊深受打

599. 免受惩罚——＊免受罚

600. 投入使用——＊投入用

601. 遭受打击——＊遭受打

602. 忍受饥饿——＊忍受饿

603. 经受打击——＊经受打

604. 未经搜寻——＊未经搜

605. 承蒙厚爱—＊承蒙爱　　606. 谨受教诲—＊谨受教

607. 屡受殴打—＊屡受打　　608. 几致灭绝—＊几致灭

609. 易受打击—＊易受打　　610. 颇受喜爱—＊颇受爱

611. 承受失败—＊承受败　　612. 身受打压—＊身受打

613. 忍耐疼痛—＊忍耐疼　　614. 历经演变—＊历经变

615. 亲历死亡—＊亲历死　　616. 几经修改—＊几经改

617. 谨供饮用—＊谨供用　　618. 仅供学习—＊仅供学

619. 以供饮用—＊以供喝　　620. 略作沉思—＊略作想

621. 惨遭杀害—＊惨遭杀　　622. 猛遭重击—＊猛遭打

623. 颇遭谩骂—＊颇遭骂　　624. 备受喜爱—＊备受爱

625. 险遭杀害—＊险遭杀　　626. 恐遭轰炸—＊恐遭炸

627. 突遭轰炸—＊突遭炸　　628. 已遭杀害—＊已遭杀

629. 倍遭责骂—＊倍遭骂　　630. 必遭仇恨—＊必遭恨

631. 频遭轰炸—＊频遭炸　　632. 忽遭殴打—＊忽遭打

633. 连遭殴打—＊连遭打　　634. 再遭轰炸—＊再遭炸

635. 易遭伤害—＊易遭伤　　636. 竟遭杀害—＊竟遭杀

637. 又遭毒手—＊又遭杀　　638. 曾遭殴打—＊曾遭打

639. 遭到殴打—＊遭到打　　640. 屡遭殴打—＊屡遭打

641. 便于检查—＊便于查　　642. 难于启齿—＊难于说

643. 严于管理—＊严于管　　644. 暂停使用—＊暂停用

645. 甘于忍受—＊甘于忍　　646. 疏于管理—＊疏于管

647. 怯于启齿—＊怯于说　　648. 羞于作答—＊羞于答

649. 怠于检查—＊怠于查　　650. 勤于擦洗—＊勤于擦

651. 倦于阅读—＊倦于读　　652. 勇于改正—＊勇于改

653. 力排干扰—＊力排扰　　654. 代为办理—＊代为办

655. 延缓衰老—＊延缓老　　656. 不拟援助—＊不拟助

657. 严禁倚靠—＊严禁靠　　658. 危及驾驶—＊危及开

659. 逃避检查—＊逃避查　　660. 必致疯狂—＊必致疯

661. 抑制生长—＊抑制长　　662. 阻碍生长—＊阻碍长

663. 阻遏攻击—＊阻遏攻　　664. 阻挠改革—＊阻挠改

665. 导致死亡—＊导致死　　666. 引起死亡—＊引起死

667. 引发爆炸—＊引发炸　　668. 婉拒邀请—＊婉拒请

669. 提供帮助—＊提供帮　　670. 放弃学习—＊放弃学

671. 防止撞击—＊防止撞　　672. 以免死亡—＊以免死

673. 造成死亡—＊造成死　　674. 表示感谢—＊表示谢

675. 发生倒塌—＊发生塌　　676. 确保通过—＊确保过

677. 出现紧缺—＊出现缺　　678. 制约使用—＊制约用

679. 面临困难—＊面临难　　680. 优化分配—＊优化配

681. 深化改革—＊深化改　　682. 完善管理—＊完善管

683. 肩负重托—＊肩负托　　684. 放松管理—＊放松管

685. 保持生长—＊保持长　　686. 巩固独立—＊巩固独

687. 妨害考试—＊妨害考　　688. 妨碍生长—＊妨碍长

689. 增加供给—＊增加供　　690. 经过调查—＊经过查

691. 狠抓管理—＊狠抓管　　692. 放开管理—＊放开管

693. 开展督查—＊开展查　　694. 祝福安康—＊祝福康

695. 注重学习—＊注重学　　696. 防范犯罪—＊防范犯

697. 谋划改革—＊谋划改　　698. 取消考试—＊取消考

699. 引导改革—＊引导改　　700. 接受惩罚—＊接受罚

701. 期盼到来—＊期盼来　　702. 企盼返回—＊企盼回

703. 恕不退还—＊恕不退　　704. 力阻通过—＊力阻过

705. 控制生长—＊控制长　　706. 方便进出—＊方便出

707. 治理污染—＊治理污　　708. 打击盗窃—＊打击偷

709. 加入战斗—＊加入斗　　710. 静待开放—＊静待开

711. 须待调查—＊须待查　　712. 期待来临—＊期待来

713. 等待调查—＊等待查　　714. 以待定夺—＊以待定

715. 退出选举—＊退出选　　716. 奢想胜利—＊奢想胜

717. 逃脱死亡——＊逃脱死　　718. 带来变化——＊带来变

719. 责令停止——＊责令停　　720. 作出选择——＊作出选

721. 未作修改——＊未作改　　722. 另作选择——＊另作选

723. 早作防范——＊早作防　　724. 有所准备——＊有所备

725. 已作修订——＊已作订　　726. 互无保留——＊互无留

727. 加强学习——＊加强学　　728. 加重惩罚——＊加重罚

729. 加快修理——＊加快修　　730. 加速变化——＊加速变

731. 加深信赖——＊加深信　　732. 加剧磨损——＊加剧磨

733. 如遇轰炸——＊如遇炸　　734. 若遇攻击——＊若遇攻

735. 如遭轰炸——＊如遭炸　　736. 若遭攻击——＊若遭攻

737. 如受邀请——＊如受请　　738. 若受邀请——＊若受请

739. 遇到攻击——＊遇到攻　　740. 遭遇阻拦——＊遭遇拦

741. 增进信任——＊增进信　　742. 中断供应——＊中断供

743. 遵守约定——＊遵守约　　744. 延长使用——＊延长用

745. 可供饮用——＊可供喝　　746. 偶遇轰炸——＊偶遇炸

747. 偶遭轰炸——＊偶遭炸　　748. 获得胜利——＊获得胜

749. 推延访问——＊推延访　　750. 从事调查——＊从事查

751. 粉碎攻击——＊粉碎攻　　752. 谋求建立——＊谋求建

753. 抵御攻击——＊抵御攻　　754. 蒙受辱骂——＊蒙受骂

755. 谋取生存——＊谋取生　　756. 严防破坏——＊严防破

757. 难堪辱骂——＊难堪骂　　758. 难耐酷热——＊难耐热

759. 祈求胜利——＊祈求胜　　760. 扼制贪污——＊扼制贪

761. 企望胜利——＊企望胜　　762. 强求变化——＊强求变

763. 强使饮用——＊强使吃　　764. 翘盼归来——＊翘盼回

765. 翘首以待——＊翘首待　　766. 切盼归来——＊切盼回

767. 驱散炎热——＊驱散热　　768. 力保通过——＊力保过

769. 力避争斗——＊力避争　　770. 力促改革——＊力促改

771. 力求稳定——＊力求稳　　772. 力图进入——＊力图进

773. 力争进入—*力争进　　774. 力主通过—*力主过

775. 历尽艰难—*历尽难　　776. 受尽欺压—*受尽欺

777. 聆听教诲—*聆听教　　778. 留待修改—*留待改

779. 履行约定—*履行约　　780. 化除仇恨—*化除恨

781. 化解仇恨—*化解恨　　782. 唤起怜悯—*唤起怜

783. 获致通过—*获致通　　784. 婉辞邀请—*婉辞请

785. 冀求胜利—*冀求胜　　786. 冀图胜利—*冀图胜

787. 减慢行驶—*减慢开　　788. 减速行驶—*减速开

789. 践行约定—*践行约　　790. 务请签订—*务请签

791. 交付使用—*交付用　　792. 奢谈胜利—*奢谈胜

793. 节制食用—*节制吃　　794. 禁受拷打—*禁受打

795. 谨防盗窃—*谨防偷　　796. 迫使签署—*迫使签

797. 作出选择—*作出选　　798. 渴盼归来—*渴盼回

799. 渴求胜利—*渴求胜　　800. 恳请批准—*恳请准

801. 恳望批准—*恳望准　　802. 希图回归—*希图回

803. 消解仇恨—*消解恨　　804. 婉谢邀请—*婉谢请

805. 谢绝咨询—*谢绝问　　806. 信守约定—*信守约

807. 压制批评—*压制批　　808. 延迟付款—*延迟付

809. 延期办理—*延期办　　810. 已经核查—*已经查

811. 以期通过—*以期过　　812. 引致疯狂—*引致疯

813. 遭逢侵略—*遭逢侵　　814. 招致死亡—*招致死

815. 致使死亡—*致使死　　816. 中止学习—*中止学

817. 阻滞生长—*阻滞长　　818. 深望签署—*深望签

819. 深恐欺压—*深恐欺　　820. 饱受欺压—*饱受欺

821. 饱经践踏—*饱经踏　　822. 饱尝痛苦—*饱尝苦

823. 以表感谢—*以表谢　　824. 深表感谢—*深表谢

825. 必加治理—*必加治　　826. 不加清洗—*不加洗

827. 深加思考—*深加想　　828. 不经试验—*不经试

829. 空加应许——*空加许　　830. 虚加允准——*虚加准

831. 再加修改——*再加改　　832. 宜加清洗——*宜加洗

833. 横加阻挠——*横加阻　　834. 妄加批评——*妄加批

835. 颇加褒奖——*颇加奖　　836. 屡加责骂——*屡加骂

837. 面加斥骂——*面加骂　　838. 需加管理——*需加管

839. 试加劝说——*试加劝　　840. 略加思考——*略加想

841. 咸加惩罚——*咸加罚　　842. 亲加测试——*亲加试

843. 每加呵斥——*每加骂　　844. 可加调查——*可加查

845. 应加批评——*应加批　　846. 擅加利用——*擅加用

847. 越加芳香——*越加香　　848. 重加奖励——*重加奖

849. 善加管理——*善加管　　850. 多加思考——*多加想

851. 乱加批点——*乱加批　　852. 胡加猜想——*胡加猜

853. 痛加责骂——*痛加骂　　854. 详加记载——*详加记

855. 特加褒奖——*特加奖　　856. 硬加阻拦——*硬加拦

857. 细加评点——*细加评　　858. 广加寻求——*广加寻

859. 大加赞赏——*大加赞　　860. 排除死亡——*排除死

861. 常加清洗——*常加洗　　862. 未加擦拭——*未加擦

863. 备加喜爱——*备加爱　　864. 严加看管——*严加管

865. 倍加喜爱——*倍加爱　　866. 稍加清洗——*稍加洗

867. 亟加证补——*亟加证　　868. 听候调遣——*听候调

869. 聊表谢忱——*聊表谢　　870. 无碍学习——*无碍学

871. 以应急需——*以应需　　872. 展开进攻——*展开攻

873. 完成治疗——*完成治　　874. 实施抢劫——*实施抢

875. 施行猛攻——*施行攻　　876. 发出狂笑——*发出笑

877. 维持生长——*维持长　　878. 强化管理——*强化管

879. 扩大治疗——*扩大治　　880. 降低磨损——*降低磨

881. 减弱刺激——*减弱刺　　882. 寄予信任——*寄予信

883. 寄以信任——*寄以信　　884. 避免拥挤——*避免挤

885. 体察艰难—＊体察难　　　886. 尝试生育—＊尝试生

887. 略知甘苦—＊略知苦　　　888. 渐受排挤—＊渐受挤

889. 断绝供给—＊断绝供　　　890. 促成合并—＊促成合

891. 颇有怪异—＊颇有怪　　　892. 毋庸争辩—＊毋庸争

893. 略有上升—＊略有升　　　894. 若有阻挡—＊若有挡

895. 如有变更—＊如有变　　　896. 难有改变—＊难有改

897. 恐有遗漏—＊恐有漏　　　898. 多有指点—＊多有点

899. 或致怨恨—＊或致怨　　　900. 涉嫌盗窃—＊涉嫌偷

（二）合偶动词：宾语为双音节形容词（64 个）

901. 弥足艰难—＊弥足难　　　902. 免于失败—＊免于败

903. 蔚为壮美—＊蔚为美　　　904. 安于孤独—＊安于孤

905. 易于疲劳—＊易于累　　　906. 趋于平静—＊趋于静

907. 臻于完善—＊臻于完　　　908. 遏抑愤怒—＊遏抑怒

909. 更臻完美—＊更臻美　　　910. 渐趋平静—＊渐趋静

911. 渐臻完美—＊渐臻美　　　912. 未臻完美—＊未臻美

913. 益见强大—＊益见强　　　914. 益显宁静—＊益显静

915. 不无惊喜—＊不无喜　　　916. 有失忠厚—＊有失忠

917. 愈显洁白—＊愈显白　　　918. 愈见寒冷—＊愈见冷

919. 愈感炎热—＊愈感热　　　920. 愈觉衰老—＊愈觉老

921. 备感辛苦—＊备感苦　　　922. 备尝艰难—＊备尝难

923. 倍显美丽—＊倍显美　　　924. 不胜惊喜—＊不胜惊

925. 更趋缓慢—＊更趋慢　　　926. 颇显美丽—＊颇显美

927. 已趋平静—＊已趋静　　　928. 已臻完美—＊已臻美

929. 面对失败—＊面对败　　　930. 直面失败—＊直面败

931. 创造幸福—＊创造福　　　932. 再造汉唐—＊再造唐

933. 令人惊叹—＊令人叹　　　934. 倍感寒冷—＊倍感冷

935. 倍觉温暖—＊倍觉暖　　　936. 顿感温暖—＊顿感暖

937. 顿觉寒冷—*顿觉冷　　938. 略感疼痛—*略感疼

939. 略觉疲劳—*略觉累　　940. 消除恐惧—*消除怕

941. 惧怕困难—*惧怕难　　942. 奢求富贵—*奢求富

943. 如感痛苦—*如感苦　　944. 若感害怕—*若感怕

945. 体味艰难—*体味难　　946. 体会艰难—*体会难

947. 体悟艰难—*体悟难　　948. 体验艰难—*体验难

949. 痛感艰难—*痛感难　　950. 顿显衰老—*顿显老

951. 纯属虚假—*纯属假　　952. 已属宽敞—*已属宽

953. 均属巨大—*均属大　　954. 更属强盛—*更属强

955. 深感痛苦—*深感苦　　956. 渐感沉重—*渐感重

957. 颇感温暖—*颇感暖　　958. 确属紧急—*确属急

959. 尚属富裕—*尚属富　　960. 减轻痛苦—*减轻痛

961. 稍嫌瘦弱—*稍嫌瘦　　962. 略嫌苍白—*略嫌白

963. 仍嫌稚嫩—*仍嫌嫩　　964. 尚嫌弱小—*尚嫌小

（三）介宾结构（4个）

965. 随之到来—*随之来　　966. 随着到来—*随着来

967. 伴随来临—*伴随来　　968. 为之震惊—*为之惊

六　主谓结构（314个）

（一）合偶形容词：要求主语为双音节动词（276个）

969. 说话霸道—*说霸道　　970. 言谈悖谬—*谈悖谬

971. 使用便捷—*用便捷　　972. 制作别致—*作别致

973. 安装不当—*安不当　　974. 分配不公—*分不公

975. 追捕不力—*追不力　　976. 考虑不周—*想不周

977. 竞争残酷—*争残酷　　978. 教训惨痛—*训惨痛

979. 死伤惨重—*伤惨重　　980. 进攻仓促—*攻仓促

981. 运输畅通—*运畅通　　982. 运输畅达—*运畅达

983. 运输畅顺——＊运畅顺　　984. 销售畅快——＊卖畅快

985. 销售畅旺——＊卖畅旺　　986. 表演超绝——＊演超绝

987. 转变彻底——＊变彻底　　988. 运动弛缓——＊动弛缓

989. 感觉迟钝——＊感迟钝　　990. 应答迟缓——＊答迟缓

991. 言谈持重——＊谈持重　　992. 论证充分——＊证充分

993. 供应充足——＊供充足　　994. 障碍重重——＊障重重

995. 生长稠密——＊长稠密　　996. 表演出色——＊演出色

997. 品位出众——＊位出众　　998. 表演传神——＊演传神

999. 应答从容——＊答从容　　1000. 喘息粗重——＊喘粗重

1001. 言谈达观——＊谈达观　　1002. 表演大胆——＊演大胆

1003. 表演大方——＊演大方　　1004. 使用得当——＊用得当

1005. 培养得法——＊养得法　　1006. 言谈得体——＊谈得体

1007. 言谈得宜——＊谈得宜　　1008. 穿戴典雅——＊穿典雅

1009. 编排独到——＊编独到　　1010. 描写独特——＊写独特

1011. 停留短暂——＊停短暂　　1012. 花销节俭——＊花节俭

1013. 论述扼要——＊论扼要　　1014. 描写乏味——＊写乏味

1015. 管理繁乱——＊管繁乱　　1016. 出入繁忙——＊出繁忙

1017. 生长繁密——＊长繁密　　1018. 生长繁盛——＊长繁盛

1019. 管理繁难——＊管繁难　　1020. 收缩反常——＊收反常

1021. 美丽非凡——＊美非凡　　1022. 使用方便——＊用方便

1023. 回报丰厚——＊报丰厚　　1024. 生长丰茂——＊长丰茂

1025. 赏赐丰渥——＊赏丰渥　　1026. 回报丰润——＊报丰润

1027. 收藏丰赡——＊藏丰赡　　1028. 描写肤浅——＊写肤浅

1029. 生长丰美——＊长丰美　　1030. 制作复杂——＊作复杂

1031. 表演感人——＊演感人　　1032. 议论高妙——＊论高妙

1033. 书写工整——＊写工整　　1034. 评判公道——＊判公道

1035. 判决公平——＊判公平　　1036. 判决公正——＊判公正

1037. 应答恭谨——＊答恭谨　　1038. 应答恭敬——＊答恭敬

1039. 应答恭顺——＊答恭顺

1040. 应答含糊——＊答含糊

1041. 设置合理——＊设合理

1042. 穿戴合体——＊穿合体

1043. 穿戴合宜——＊穿合宜

1044. 论述宏赡——＊论宏赡

1045. 建筑宏伟——＊建宏伟

1046. 移动缓慢——＊动缓慢

1047. 描写荒诞——＊写荒诞

1048. 言谈荒谬——＊谈荒谬

1049. 论证荒唐——＊证荒唐

1050. 表演诙谐——＊演诙谐

1051. 描写晦涩——＊写晦涩

1052. 管理昏庸——＊管昏庸

1053. 应对机警——＊对机警

1054. 应答机敏——＊答机敏

1055. 回答机巧——＊答机巧

1056. 回答机智——＊答机智

1057. 应对积极——＊对积极

1058. 战斗激烈——＊斗激烈

1059. 训练艰苦——＊练艰苦

1060. 行走艰难——＊走艰难

1061. 翻译艰涩——＊译艰涩

1062. 使用简便——＊用简便

1063. 使用简单——＊用简单

1064. 解说简短——＊说简短

1065. 计算简洁——＊算简洁

1066. 进攻简练——＊攻简练

1067. 准备简陋——＊备简陋

1068. 穿戴简朴——＊穿简朴

1069. 解说简要——＊说简要

1070. 制作精良——＊作精良

1071. 制作精美——＊作精美

1072. 饮食健康——＊吃健康

1073. 销售健旺——＊卖健旺

1074. 言谈骄慢——＊谈骄慢

1075. 考证精审——＊证精审

1076. 贡献杰出——＊献杰出

1077. 描写紧凑——＊写紧凑

1078. 应答谨慎——＊答谨慎

1079. 跳动剧烈——＊跳剧烈

1080. 管理谨严——＊管谨严

1081. 观察惊人——＊看惊人

1082. 评说精当——＊评精当

1083. 评说精到——＊评精到

1084. 描写精练——＊写精练

1085. 讲解精辟——＊讲精辟

1086. 制作精巧——＊作精巧

1087. 学识精深——＊学精深

1088. 制作精细——＊作精细

1089. 制作精心——＊作精心

1090. 表演精湛——＊演精湛

1091. 描写冷峻——＊写冷峻

1092. 投放精准——＊投精准

1093. 运行井然——＊运井然

1094. 思考迥异——＊想迥异

1095. 流传久远——＊传久远

1096. 发言拘谨——＊说拘谨

1097. 伤害巨大——＊伤巨大

1098. 书写娟秀——＊写娟秀

1099. 进攻均衡——＊攻均衡

1100. 涂抹均匀——＊抹均匀

1101. 选择可取——＊选可取

1102. 合并可行——＊合可行

1103. 学习刻苦——＊学刻苦

1104. 评说客观——＊评客观

1105. 哀求恳切——＊求恳切

1106. 论说空洞——＊论空洞

1107. 论述空乏——＊论空乏

1108. 论述空泛——＊论空泛

1109. 议论空疏——＊论空疏

1110. 剪裁可体——＊剪可体

1111. 讲解枯燥——＊讲枯燥

1112. 穿戴邋遢——＊穿邋遢

1113. 表演老到——＊演老到

1114. 进攻老辣——＊攻老辣

1115. 说话老练——＊说老练

1116. 说话冷静——＊说冷静

1117. 生长良好——＊长良好

1118. 思考良久——＊想良久

1119. 书写潦草——＊写潦草

1120. 使用灵活——＊用灵活

1121. 转动灵巧——＊转灵巧

1122. 攻击凌厉——＊攻凌厉

1123. 播放流畅——＊播流畅

1124. 说唱流利——＊说流利

1125. 描写露骨——＊写露骨

1126. 生长繁茂——＊长繁茂

1127. 生长茂盛——＊长茂盛

1128. 装饰美观——＊装美观

1129. 进攻敏捷——＊攻敏捷

1130. 观察敏锐——＊看敏锐

1131. 记载明晰——＊记明晰

1132. 选择明智——＊选明智

1133. 应答漠然——＊答漠然

1134. 生长蓬勃——＊长蓬勃

1135. 积累贫乏——＊累贫乏

1136. 进攻频繁——＊攻频繁

1137. 出入频密——＊出频密

1138. 叛乱频仍——＊叛频仍

1139. 生长平衡——＊长平衡

1140. 讲述平静——＊讲平静

1141. 交接平稳——＊交平稳

1142. 选用平允——＊选平允

1143. 穿戴朴素——＊穿朴素

1144. 描写奇崛——＊写奇崛

1145. 想象奇绝——＊想奇绝

1146. 书写奇巧——＊写奇巧

1147. 装扮奇特——＊扮奇特

1148. 想象奇妙——＊想奇妙

1149. 想象奇伟——＊想奇伟

1150. 表演奇异——＊演奇异

1151. 使用恰当——＊用恰当	1152. 回答牵强——＊答牵强
1153. 说话谦逊——＊说谦逊	1154. 说话浅薄——＊说浅薄
1155. 见识浅陋——＊见浅陋	1156. 讲解浅显——＊讲浅显
1157. 刺激强烈——＊刺强烈	1158. 批评惬当——＊批惬当
1159. 批评切当——＊批切当	1160. 携带轻巧——＊带轻巧
1161. 眷写清晰——＊写清晰	1162. 描写确当——＊写确当
1163. 说话冗长——＊说冗长	1164. 描写入微——＊写入微
1165. 守卫森严——＊守森严	1166. 穿戴奢侈——＊穿奢侈
1167. 危害深远——＊害深远	1168. 选择慎重——＊选慎重
1169. 描写生动——＊写生动	1170. 赏罚失当——＊罚失当
1171. 预测失准——＊测失准	1172. 取用适当——＊用适当
1173. 使用适宜——＊用适宜	1174. 居住舒适——＊住舒适
1175. 运用熟练——＊用熟练	1176. 书写顺畅——＊写顺畅
1177. 进攻顺利——＊攻顺利	1178. 装扮素雅——＊扮素雅
1179. 装扮素朴——＊扮素朴	1180. 欺压太甚——＊欺太甚
1181. 运用贴切——＊用贴切	1182. 收拾停当——＊收停当
1183. 收拾停妥——＊收停妥	1184. 生长停匀——＊长停匀
1185. 生长挺拔——＊长挺拔	1186. 联系通畅——＊联通畅
1187. 讲解透彻——＊讲透彻	1188. 讲解透辟——＊讲透辟
1189. 进攻突然——＊攻突然	1190. 提问突兀——＊问突兀
1191. 准备妥当——＊备妥当	1192. 行文拖沓——＊写拖沓
1193. 运用妥帖——＊用妥帖	1194. 设置完备——＊设完备
1195. 保存完好——＊存完好	1196. 保存完善——＊存完善
1197. 回答完满——＊答完满	1198. 记录完整——＊记完整
1199. 排列紊乱——＊排紊乱	1200. 摆放稳当——＊放稳当
1201. 管理稳健——＊管稳健	1202. 行事稳重——＊行稳重
1203. 抢劫未遂——＊抢未遂	1204. 生长喜人——＊长喜人
1205. 表演细腻——＊演细腻	1206. 描写细致——＊写细致

1207. 变化显著—*变显著　　　1208. 描写详备—*写详备

1209. 检查详尽—*查详尽　　　1210. 论述详密—*论详密

1211. 描写详明—*写详明　　　1212. 检查详细—*查详细

1213. 记载翔实—*记翔实　　　1214. 刺激新奇—*刺新奇

1215. 制作新巧—*制新巧　　　1216. 制作新异—*制新异

1217. 构造新颖—*造新颖　　　1218. 增长迅速—*长迅速

1219. 传输迅捷—*传迅捷　　　1220. 营救迅急—*救迅急

1221. 增长迅猛—*长迅猛　　　1222. 死伤严重—*死严重

1223. 感觉异样—*感异样　　　1224. 谈话隐晦—*谈隐晦

1225. 批评允当—*批允当　　　1226. 待遇优异—*待优异

1227. 言谈优雅—*谈优雅　　　1228. 欺压尤甚—*欺尤甚

1229. 谈话愉快—*谈愉快　　　1230. 闲谈愉悦—*谈愉悦

1231. 表演真挚—*演真挚　　　1232. 表演质朴—*演质朴

1233. 排列致密—*排致密　　　1234. 批评中肯—*批中肯

1235. 评论中允—*评中允　　　1236. 招待周到—*待周到

1237. 防御周密—*防周密　　　1238. 考虑周详—*想周详

1239. 论证周密—*论证密　　　1240. 判断准确—*判准确

1241. 表演卓绝—*演卓绝　　　1242. 贡献卓越—*献卓越

1243. 言谈自如—*谈自如　　　1244. 夸奖过逾—*夸过逾

（二）合偶动词：要求主语为双音节动词（33 个）

1245. 关爱备至—*爱备至　　　1246. 褒奖过其—*夸过其

1247. 改造完结—*改完结　　　1248. 修建完竣—*修完竣

1249. 奔流不止—*流不止　　　1250. 损耗不赀—*耗不赀

1251. 疼爱有加—*爱有加　　　1252. 使用受限—*用受限

1253. 停止不前—*停不前　　　1254. 奔跑不倦—*跑不倦

1255. 解答从略—*答从略　　　1256. 相差无几—*差无几

1257. 防卫过当—*防过当　　　1258. 饮用过度—*饮过度

1259. 饥饱失宜—＊饱失宜　　　1260. 管理有方—＊管有方

1261. 完好如初—＊好如初　　　1262. 相见如故—＊见如故

1263. 准备就绪—＊备就绪　　　1264. 管理无方—＊管无方

1265. 变幻万千—＊变万千　　　1266. 胜利在望—＊胜在望

1267. 报告完毕—＊报完毕　　　1268. 批评有据—＊批有据

1269. 核查无误—＊查无误　　　1270. 言笑自若—＊笑自若

1271. 运用裕如—＊用裕如　　　1272. 应用失措—＊用失措

1273. 准备已妥—＊备已妥　　　1274. 抢购一空—＊购一空

1275. 张弛有致—＊张有致　　　1276. 变化停滞—＊变停滞

1277. 赏罚有差—＊赏有差

（三）其他（5 个）

1278. 为人宽厚—＊为人宽　　　1279. 过从甚密—＊过从密

1280. 美丽持久—＊美持久　　　1281. 熟悉与否—＊熟与否

1282. 欣喜逾常—＊喜逾常

七　定中结构（235个）

（一）合偶形容词：要求修饰双音节动词（224 个）

1283. 安全飞行—＊安全飞　　　1284. 肮脏交易—＊肮脏交

1285. 傲慢演说—＊傲慢说　　　1286. 基本变化—＊基本变

1287. 暴戾统治—＊暴戾治　　　1288. 悲壮呐喊—＊悲壮喊

1289. 逼真表演—＊逼真演　　　1290. 便捷设计—＊便捷设

1291. 变相剥削—＊变相剥　　　1292. 不当使用—＊不当用

1293. 不法买卖—＊不法买　　　1294. 不凡表演—＊不凡演

1295. 不轨企图—＊不轨图　　　1296. 不祥预感—＊不祥感

1297. 不懈奋斗—＊不懈斗　　　1298. 残暴统治—＊残暴治

1299. 残酷考验—＊残酷考　　　1300. 残忍竞争—＊残忍争

1301. 惨烈竞争—＊惨烈争　　　1302. 惨痛教训—＊惨痛教

1303. 惨重损失—＊惨重损　　1304. 长久记忆—＊长久记

1305. 长远考虑—＊长远想　　1306. 长足发展—＊长足长

1307. 彻底改变—＊彻底改　　1308. 沉痛诉说—＊沉痛说

1309. 沉稳指挥—＊沉稳指　　1310. 沉勇指挥—＊沉勇指

1311. 沉重打击—＊沉重打　　1312. 沉着应答—＊沉着答

1313. 诚挚请求—＊诚挚请　　1314. 迟钝应答—＊迟钝答

1315. 炽烈赞美—＊炽烈赞　　1316. 充分利用—＊充分用

1317. 崇高追求—＊崇高求　　1318. 出色表演—＊出色演

1319. 出众表演—＊出众演　　1320. 传神表演—＊传神演

1321. 粗略估算—＊粗略算　　1322. 粗浅认识—＊粗浅识

1323. 大胆进攻—＊大胆攻　　1324. 得当运用—＊得当用

1325. 得体穿戴—＊得体穿　　1326. 动人歌唱—＊动人唱

1327. 独到理解—＊独到解　　1328. 独特设计—＊独特设

1329. 短暂聚会—＊短暂聚　　1330. 扼要叙述—＊扼要说

1331. 恶劣竞争—＊恶劣争　　1332. 恶毒攻击—＊恶毒攻

1333. 非法运营—＊非法运　　1334. 非凡想象—＊非凡想

1335. 非分奢望—＊非分想　　1336. 疯狂进攻—＊疯狂攻

1337. 肤浅认识—＊肤浅识　　1338. 复杂变化—＊复杂变

1339. 尴尬遭遇—＊尴尬遭　　1340. 感人表演—＊感人演

1341. 高超表演—＊高超演　　1342. 公允批评—＊公允批

1343. 公正判决—＊公正判　　1344. 诡奇变化—＊诡奇变

1345. 诡异变化—＊诡异变　　1346. 诡秘变化—＊诡秘变

1347. 诡怪变化—＊诡怪变　　1348. 诡诞变化—＊诡诞变

1349. 果断攻击—＊果断攻　　1350. 过度消耗—＊过度耗

1351. 过火表演—＊过火演　　1352. 过激应答—＊过激答

1353. 罕见迁移—＊罕见移　　1354. 合法买卖—＊合法买

1355. 合理选择—＊合理选　　1356. 合身穿戴—＊合身穿

1357. 横向管理—＊横向管　　1358. 宏大叙述—＊宏大叙

1359. 宏观管理—＊宏观管　　1360. 宏伟设计—＊宏伟设

1361. 缓慢变化—＊缓慢变　　1362. 荒谬论证—＊荒谬论

1363. 辉煌统治—＊辉煌统　　1364. 晦涩描写—＊晦涩写

1365. 昏庸统治—＊昏庸统　　1366. 火爆表演—＊火爆演

1367. 机警应答—＊机警答　　1368. 机敏应答—＊机敏答

1369. 机巧应答—＊机巧答　　1370. 积极变化—＊积极变

1371. 畸形变化—＊畸形变　　1372. 激进演讲—＊激进讲

1373. 激剧变革—＊激剧变　　1374. 激烈竞争—＊激烈争

1375. 激切呼吁—＊激切呼　　1376. 激越演讲—＊激越演

1377. 急进改革—＊急进改　　1378. 急剧变化—＊急剧变

1379. 急遽变革—＊急遽变　　1380. 急速飞行—＊急速飞

1381. 尖刻批评—＊尖刻批　　1382. 尖利叫喊—＊尖利叫

1383. 尖锐批评—＊尖锐批　　1384. 坚决反对—＊坚决反

1385. 热情帮助—＊热情帮　　1386. 坚忍应对—＊坚忍对

1387. 艰苦劳动—＊艰苦干　　1388. 艰难斗争—＊艰难斗

1389. 艰巨进攻—＊艰巨攻　　1390. 艰涩描写—＊艰涩写

1391. 艰辛劳动—＊艰辛干　　1392. 俭朴生活—＊俭朴过

1393. 俭约生活—＊俭约过　　1394. 简便设计—＊简便设

1395. 简单答复—＊简单答　　1396. 简短介绍—＊简短说

1397. 简捷设计—＊简捷设　　1398. 简略说明—＊简略说

1399. 简朴装修—＊简朴装　　1400. 简要说明—＊简要说

1401. 杰出表演—＊杰出演　　1402. 紧急救援—＊紧急救

1403. 谨慎演说—＊谨慎说　　1404. 惊人表演—＊惊人演

1405. 惊险表演—＊惊险演　　1406. 精辟论述—＊精辟论

1407. 精当批评—＊精当批　　1408. 精到见解—＊精到见

1409. 精妙论述—＊精妙论　　1410. 精巧设计—＊精巧设

1411. 精审考证—＊精审考　　1412. 精深研磨—＊精深磨

1413. 精心料理—＊精心理　　1414. 精细描述—＊精细写

1415. 精致设计—*精致设　　1416. 精准射击—*精准射

1417. 巨大变革—*巨大变　　1418. 剧烈变革—*剧烈变

1419. 绝妙演说—*绝妙说　　1420. 均衡分配—*均衡分

1421. 开明统治—*开明治　　1422. 慷慨演讲—*慷慨讲

1423. 苛刻要求—*苛刻求　　1424. 刻薄对待—*刻薄待

1425. 刻苦学习—*刻苦学　　1426. 客观陈述—*客观述

1427. 恳切请求—*恳切请　　1428. 恳挚请求—*恳挚请

1429. 空洞演说—*空洞说　　1430. 恐怖表演—*恐怖演

1431. 夸诞描写—*夸诞写　　1432. 浪漫约会—*浪漫约

1433. 灵活运用—*灵活用　　1434. 露骨描写—*露骨写

1435. 猛烈攻击—*猛烈攻　　1436. 明显变化—*明显变

1437. 平安成长—*平安长　　1438. 平衡分配—*平衡分

1439. 平稳过渡—*平稳过　　1440. 朴素装扮—*朴素装

1441. 普通装修—*普通装　　1442. 奇妙想象—*奇妙想

1443. 奇伟想象—*奇伟想　　1444. 奇巧设计—*奇巧设

1445. 恰当运用—*恰当用　　1446. 强烈反对—*强烈反

1447. 巧妙回答—*巧妙答　　1448. 勤奋学习—*勤奋学

1449. 轻率应答—*轻率答　　1450. 热烈欢迎—*热烈迎

1451. 热切盼望—*热切盼　　1452. 热心帮助—*热心帮

1453. 冗长叙述—*冗长叙　　1454. 奢侈花费—*奢侈花

1455. 深沉悲悯—深沉悯　　1456. 深刻变化—*深刻变

1457. 深切思念—*深切想　　1458. 深邃思考—*深邃想

1459. 神奇变化—*神奇变　　1460. 慎重考虑—*慎重想

1461. 生动描写—*生动写　　1462. 生硬回答—*生硬答

1463. 适当表示—*适当表　　1464. 熟练运用—*熟练用

1465. 特殊检查—*特殊查　　1466. 妥善利用—*妥善用

1467. 完美演绎—*完美演　　1468. 完整记录—*完整记

1469. 危险训练—*危险练　　1470. 伟大改革—*伟大改

1471. 稳重应答—＊稳重答　　1472. 细致描写—＊细致写

1473. 详备记录—＊详备记　　1474. 详尽描写—＊详尽写

1475. 翔实记录—＊翔实记　　1476. 新颖设计—＊新颖设

1477. 雄伟设计—＊雄伟设　　1478. 虚伪表演—＊虚伪演

1479. 迅速变化—＊迅速变　　1480. 迅猛攻击—＊迅猛攻

1481. 严酷斗争—＊严酷争　　1482. 严厉批评—＊严厉批

1483. 英勇斗争—＊英勇斗　　1484. 庸俗描写—＊庸俗写

1485. 有力论述—＊有力论　　1486. 有偿支付—＊有偿付

1487. 崭新开始—＊崭新开　　1488. 正常检查—＊正常查

1489. 正当防守—＊正当守　　1490. 正确认识—＊正确认

1491. 执着追求—＊执着追　　1492. 重大变化—＊重大变

1493. 周密论述—＊周密论　　1494. 主观感受—＊主观感

1495. 主动进攻—＊主动攻　　1496. 庄重回应—＊庄重答

1497. 多重选择—＊多重选　　1498. 显著变化—＊显著变

1499. 连续进攻—＊连续攻　　1500. 可喜变革—＊可喜变

1501. 异常变化—＊异常变　　1502. 微妙变化—＊微妙变

1503. 细小变化—＊细小变　　1504. 细微变化—＊细微变

1505. 曲折变化—＊曲折变　　1506. 根本变化—＊根本变

（二）合偶动词：要求修饰双音节动词（9 个）

1507. 汇报表演—＊汇报演　　1508. 运行管理—＊运行管

1509. 出入检查—＊出入查　　1510. 比赛点评—＊比赛评

1511. 教学录像—＊教学录　　1512. 斗争启示—＊斗争示

1513. 劳动收获—＊劳动获　　1514. 研究述评—＊研究评

1515. 合作协议—＊合作议

（三）其他（2 个）

1516. 以上选择—＊以上选　　1517. 以下尝试—＊以下试

参考文献

[1] 巴维尔，1987，《北京话正常话语里的轻声》（许毅译自 Kro-tochivil 英文原稿），《中国语文》第 5 期。

[2] 曹剑芬，2007，《现代语音研究与探索》，商务印书馆。

[3] 陈建民，1979，《汉语里的节奏问题》，《语言教学与研究》第 2 期。

[4] 陈建民，1984，《汉语口语》，北京出版社。

[5] 陈昌来，2002，《现代汉语介词的内部差异及其影响》，《上海师范大学学报》（社会科学版）第 5 期。

[6] 陈平，1988，《论现代汉语时间系统的三元结构》，《中国语文》第 6 期。

[7] 陈宁萍，1987，《现代汉语名词类的扩大——现代汉语动词和名词分界线的考察》，《中国语文》第 5 期。

[8] 程远，1980，《临时单音词》，《中国语文》第 5 期。

[9] 程娟、许晓华，2004，《HSK 同义单双音动词研究》，《世界汉语教学》第 4 期。

[10] 储诚志，2014，《限制合偶词与嵌偶词句法组配的非韵律因素》，《华文教学与研究》第 3 期。

[11] 崔四行，2009，《三音节结构中副词、形容词、名词作状语研究》，北京语言大学博士论文。

[12] 崔四行，2012，《三音节状中结构中韵律与句法的互动研

究》，中国社会科学出版社。

[13] 董秀芳，1998，《述补带宾句式中的韵律制约》，《语言研究》第 1 期。

[14] 董秀芳，2002，《词汇化：汉语双音词的衍生和发展》，四川民族出版社。

[15] 董秀芳，2004，《汉语的词库与词法》，北京大学出版社。

[16] 董秀芳，2005，《汉语词缀的性质与汉语词法特点》，《汉语学习》第 6 期。

[17] 刁晏斌，2004，《虚义动词论》，南开大学博士学位论文。

[18] 端木三，1999，《重音理论和汉语的词长选择》，《中国语文》第 4 期。

[19] 范中华，1991，《论遭受类动词及遭受句》，《社会科学战线》第 2 期。

[20] 冯胜利，1996，《论汉语的"韵律词"》，《中国社会科学》第 1 期。

[21] 冯胜利，1997，《汉语的韵律、词法与句法》，北京大学出版社。

[22] 冯胜利，1998，《论汉语的"自然音步"》，《中国语文》第 1 期。

[23] 冯胜利，2000a，《"写毛笔"与韵律促发的动词并入》，《语言教学与研究》第 1 期。

[24] 冯胜利，2000b，《汉语韵律句法学》，上海教育出版社。

[25] 冯胜利，2001，《论汉语"词"的多维性》，《当代语言学》第 3 期。

[26] 冯胜利，2002，《韵律构词与韵律句法之间的交互作用》，《中国语文》第 6 期。

[27] 冯胜利，2005，《轻动词移位与古今汉语的动宾关系》，《语言科学》第 1 期。

[28] 冯胜利，2006，《汉语书面用语初编》，北京语言大学出版社。

[29] 冯胜利，2007，《试论汉语韵律的形态功能》，国际中国语言学学会第十五届年会（IACL－15）暨北美汉语语言学第十九届年会（NACCL－19），5 月 25～27 日，纽约。

[30] 冯胜利，2009，《论汉语韵律的形态功能与句法演变的历史分期》，《历史语言学研究》（第 2 辑），商务印书馆。

[31] 冯胜利，2010a，《论语体的机制及句法属性》，《中国语文》第 5 期。

[32] 冯胜利，2010b，《论韵律文体学的基本原理》，《当代修辞学》第 1 期。

[33] 冯胜利，2011，《百年来汉语正式语体的灭亡与再生》，李向玉主编《澳门文化研究》，澳门理工学院。

[34] 冯胜利，2012，《语体语法："形式－功能对应律"的语言探索》，《当代修辞学》第 6 期。

[35] 冯胜利，2013，《汉语韵律句法学》（增订本），商务印书馆。

[36] 冯胜利，2015，《语体语法的逻辑体系及语体特征的鉴定》，《汉语应用语言学研究》第 1 辑。

[37] 冯胜利、刘丽媛，2020，《语体语法的生物原理与生成机制》，《民俗典籍文字研究》（第二十六辑），商务印书馆。

[38] 冯胜利，2021，《语体语法与汉语词重音》，《韵律语法研究》（第八辑），北京语言大学出版社。

[39] 符淮青，1985，《现代汉语词汇》，北京大学出版社。

[40] 高名凯、石安石，1963，《语言学概论》，中华书局。

[41] 葛本仪，2006，《汉语词汇研究》，外语教学与研究出版社。

[42] 龚娜，2006，《"X 于"结构的多角度考察——兼论"V＋P＋N"结构》，湖南师范大学硕士学位论文。

[43]　龚千炎，1961，《论"加以"》，《中国语文》第 2 期。

[44]　郭绍虞，1938，《中国语词之弹性作用》，《燕京学报》第 24 期。

[45]　郭锡良，1998，《介词"以"的起源和发展》，《古汉语研究》第 1 期。

[46]　何婷婷，2006，《现代汉语中的"N状 + V"式研究》，安徽师范大学硕士学位论文。

[47]　胡明扬，1993，《语体和语法》，《汉语学习》第 2 期。

[48]　黄梅，2008，《现代汉语嵌偶单音词的韵律句法研究》，北京语言大学博士学位论文。

[49]　黄梅，2012，《现代汉语嵌偶单音词的韵律句法研究》，北京语言大学出版社。

[50]　黄梅，2015，《论 [2 1] 动宾结构的韵律句法条件》，冯胜利主编《汉语韵律语法新探》，中西书局。

[51]　黄梅，2020，《嵌偶单音词与半自由语素》，《韵律语法研究》（第五辑），北京语言大学出版社。

[52]　黄丽君、端木三，2013，《现代汉语词长弹性的量化研究》，《语言科学》第 1 期。

[53]　金钟赞，2004，《试论"双音节 + 于"的句子成分》，《语言研究》第 3 期。

[54]　鞠君，1995，《四字格中"1 + 3"音段和"3 + 1"音段组合规律初探》，《汉语学习》第 1 期。

[55]　贾林华，2014a，《形容词带宾的韵律句法分析》，《汉语学习》第 5 期。

[56]　贾林华，2014b，《普通名词做状语的韵律句法分析》，《语文研究》第 4 期。

[57]　贾林华，2014c，《汉语动词性成语带宾语情况的考察与分析》，《外文研究》第 1 期。

[58] 贾林华，2020，《指称与描述：量词重叠的功能差异与韵律表达》，《汉语学习》第 5 期。

[59] 贾林华，2021，《重叠是一种加缀运作吗？——普通话重叠式 AABB 的类型学特征分析》，中国语言学会第 20 届学术年会，4 月 10～12 日，浙江大学。

[60] 姜亮夫，2002，《昭通方言疏证》，沈善洪、胡廷武主编《姜亮夫全集》（卷十六），云南人民出版社。

[61] 李临定，1990，《现代汉语动词》，中国社会科学出版社。

[62] 李宇明，1996，《非谓形容词的词类地位》，《中国语文》第 1 期。

[63] 林茂灿、颜景助、孙国华，1984，《北京话两字组正常重音的初步实验》，《方言》第 1 期。

[64] 刘丽嫒，2022，《五四前后正式体的产生及其双步平衡律构体原子》，《汉语史学报》（第二十六辑），上海教育出版社。

[65] 刘现强，2007，《现代汉语节奏支点初探》，《语言教学与研究》第 3 期。

[66] 刘智伟、陈绂，2005，《含同一语素的同义单双音节动词研究》，《语言文字应用》第 4 期。

[67] 刘智伟，2007，《含同一语素的同义单双音节动词语体色彩对比研究》，《语言文字应用》第 2 期。

[68] 陆致极，1984，《普通话双音词"重中"和"中重"式声学性质初探》，《汉语学习》第 6 期。

[69] 陆丙甫，1993，《核心推导语法》，上海教育出版社。

[70] 陆俭明、马真，1985，《现代汉语虚词散论》，北京大学出版社。

[71] 鹿荣、张小平，2004，《关于语素的分类：对〈现代汉语〉语素部分的一点思考》，《济南大学学报》（社会科学版）第 5 期。

[72] 卢绪元，1961，《究竟什么是文言词?》，《中国语文》第3期。

[73] 罗常培、王均，2002，《普通语音学纲要》（修订本，1981年第1版），商务印书馆。

[74] 吕叔湘，1962，《说"自由"和"粘着"》，《中国语文》第1期。

[75] 吕叔湘，1963，《现代汉语单双音节问题初探》，《中国语文》第1期。

[76] 吕叔湘，2002，《现代汉语八百词》，《吕叔湘全集》第五卷，辽宁教育出版社。

[77] 毛帅梅，2012，《现代汉语副词及类副词的功能层级研究》，上海外国语大学博士学位论文。

[78] 马建忠，1898，《马氏文通》，商务印书馆，1998。

[79] 孟子敏，2013，《〈政府工作报告〉的语言学考察》，冯胜利主编《汉语书面语的历史与现状》，北京大学出版社。

[80] 潘文国，1997，《汉英语对比纲要》，北京语言文化大学出版社。

[81] 邵敬敏，2007，《汉语谓宾动词的配价研究》，《汉语语义语法论集》，上海教育出版社。

[82] 史有为，1995，《关于四字格及其语音节奏——从"一衣带水"和"一肚子气"谈起》，《汉语学习》第5期。

[83] 石定果，1997，《略论现代汉语保留的文言成分》，《语言与文化论丛》第1辑，华语教学出版社。

[84] 沈家煊，1999，《不对称和标记论》，江西教育出版社。

[85] 沈家煊，2011，《语法六讲》，商务印书馆。

[86] 孙德金，1995，《现代汉语名词做状语的考察》，《语言教学与研究》第4期。

[87] 孙德金，1997，《现代汉语动词做状语考察》，《语言教学

与研究》第 3 期。

[88] 孙德金，2012，《现代书面汉语中的文言语法成分研究》，商务印书馆。

[89] 松浦友久，1990，《中国诗歌原理》，孙昌武、郑天刚译，辽宁教育出版社。

[90] 宋玉柱，2003，《副词能修饰副词吗》，《汉语学习》第 3 期。

[91] 汤廷池，2001，《汉语复合动词"X 加"的内部结构与外部功能》，《语言研究》第 1 期。

[92] 王晶、王理嘉，1993，《普通话多音节词音节时长分布模式》，《中国语文》第 2 期。

[93] 王志洁、冯胜利，2006，《声调对比法与北京话双音组的重音类型》，《语言科学》第 1 期。

[94] 王兴才，2010，《副词后缀"为"的形成及其类推范围》，《古汉语研究》第 2 期。

[95] 王一平，1994，《从遭受类动词所带宾语的情况看遭受类动词的特点》，《语文研究》第 4 期。

[96] 王云路，2007，《试谈韵律与某些双音词的形成》，《中国语文》第 3 期。

[97] 王洪君、富丽，2005，《试论现代汉语的类词缀》，《语言科学》第 5 期。

[98] 王洪君，2008，《汉语非线性音系学》，北京大学出版社。

[99] 王力，1984，《中国语法理论》，山东教育出版社。

[100] 王丽娟，2009，《从名词、动词看现代汉语普通话双音节的形态功能》，北京语言大学博士学位论文。

[101] 王明洲、张谊生，2014，《浅议语法化的若干机制》，《理论月刊》第 8 期。

[102] 王士元，1993，《国际中国语言学会通讯》第 1 期，转引

自冯胜利，2003，《从人本到逻辑的学术转型——中国学术从传统走向现代的抉择》，《社会科学论坛》第 1 期。

[103] 王永娜，2010，《汉语书面正式语体的语法手段》，北京语言大学博士学位论文。

[104] 王永娜，2015，《汉语合偶双音词》，北京语言大学出版社。

[105] 吴光哲，2004，《现代书面汉语中的文言成分系统概貌及〈现代汉语词典〉双音节文言词语考察》，北京语言大学硕士学位论文。

[106] 吴宗济，1982，《普通话语调规则》，《吴宗济语言学论文集》，商务印书馆，2004。

[107] 徐世荣，1982，《双音节词的音量分析》，《语言教学与研究》第 2 期。

[108] 徐以中、杨亦鸣，2014，《副词修饰副词现象研究》，《语言科学》第 6 期。

[109] 许德楠，1981，《说单音词与语素在构形上的同一性》，《语言教学与研究》第 4 期。

[110] 熊子瑜、林茂灿，2004，《"啊"的韵律特征及其话语交际功能》，《当代语言学》第 2 期。

[111] 杨荣祥，2005，《近代汉语副词研究》，商务印书馆。

[112] 叶军，2001，《汉语语句韵律的语法功能》，华东师范大学出版社。

[113] 叶军，2008，《现代汉语节奏研究》，上海书店出版社。

[114] 殷作炎，1982，《关于普通话双音常用词轻重音的初步考察》，《中国语文》第 3 期。

[115] 袁毓林，1999，《并列结构的否定表达》，《语言文字应用》第 3 期。

[116] 赵元任，1979，《汉语口语语法》，吕叔湘译，商务印书馆。

[117] 赵忠德，2006，《音系学》，上海外语教育出版社。

［118］张斌，2013，《现代汉语附缀研究》，上海师范大学博士学位论文。

［119］张家太，1988，《汉语新词语琐议》，《沈阳师范学院学报》（社会科学版）第 2 期。

［120］张军，2014，《现代汉语动词作状语的主要形式及动因分析》，《华中师范大学学报》（人文社会科学版）第 5 期。

［121］张国宪，1989，《单双音节动作动词语用功能差异探索》，《汉语学习》第 6 期。

［122］张国宪，1990，《单双音节动作动词搭配功能研究》，《上海师范大学学报》（哲学社会科学版）第 1 期。

［123］张国宪，1996，《单双音节形容词的选择性差异》，《汉语学习》第 3 期。

［124］张国宪，1997，《"V_双 + N_双"短语的理解因素》，《中国语文》第 3 期。

［125］张国宪，2005，《形名组合的韵律组配图式及其韵律的语言地位》，《当代语言学》第 1 期。

［126］张国宪，2006，《现代汉语形容词功能与认知研究》，商务印书馆。

［127］张慧芳，2007，《同素同义单双音节形容词比较研究》，四川大学硕士学位论文。

［128］张世禄，1961，《文言词是不是现代语的词?》，《中国语文》第 10 ~ 11 月号。

［129］张正生，2005，《书面语定义及教学问题初探》，《对外汉语书面语教学与研究的最新发展》，北京语言大学出版社。

［130］张志公，1981，《谈汉语的语素》，《语言教学与研究》第 4 期。

［131］张谊生，2000，《现代汉语副词研究》，学林出版社。

［132］张谊生，2010，《从错配到脱落：附缀"于"的零形化后

果与形容词、动词的及物化》,《中国语文》第 2 期。

[133] 朱亚军,2001,《现代汉语词缀的性质及其分类研究》,《汉语学习》第 2 期。

[134] 周荐,2004,《四字组合论》,《汉语学报》第 1 期。

[135] 周祖谟,2005,《汉语词汇讲话》(1959 年第 1 版),外语教学与研究出版社。

[136] 朱德熙等,1961,《关于动词形容词"名物化"的问题》,《北京大学学报》(人文科学版) 第 4 期。

[137] 朱德熙,1985,《现代书面汉语里的虚化动词和名动词》,第一届国际汉语教学学术讨论会,8 月,北京。

[138] 仲晓波、杨玉芳,1999,《国外关于韵律特征和重音的一些研究》,《心理学报》第 4 期。

[139] 庄会彬,2015,《汉语的句法词》,北京语言大学出版社。

[140] Aarts, J. 1991. "Intuition-Based and Observation-Based Grammars." In *English Corpus Linguistics*: *Studies in Honor of Jan Svartvik*, edited by Aijmer, K. & B. Altenberg, pp. 44 – 62. Longman.

[141] Bloomfield, Leonard. 1933. *Language*. Holt, Rinehart & Winston.

[142] Buβmann, Hadumod. 2007. 《语言学词典》. 商务印书馆.

[143] Chao, Yuen-Ren. 1968. *A Grammar of Spoken Chinese*. University of California Press.

[144] Chen, M. Y. 1979. "Metrical Structure: Evidence from Chinese Poetry." *Linguistic Inquiry* 10 (3): 371 – 420.

[145] Chen, M. Y. 2000. *Tone Sandhi*: *Patterns across Chinese Dialects* (Vol. 92). Cambridge University Press.

[146] Chomsky, N. 1957. *Syntactic Structures*. Mounton.

[147] Chomsky, N. 1964. *Current Issues in Linguistic Theory*. Mounton.

[148] Chomsky, N. 1965. *Aspects of the Theory of Syntax*. The MIT Press.

[149] Chomsky, N. & M. Halle. 1968. *The Sound Pattern of English*. Harper and Row.

[150] Chomsky, N. 1980. *Rules and Representations*. Columbia University Press.

[151] Chomsky, N. 1982. *Some Concepts and Consequences of the Theory of Government and Binding*. The MIT Press.

[152] Chomsky, N. 1993. *Lectures on Government and Binding*: *The Pisa Lectures*. 7th edition. Mouton de Gruyter [1st edition, Foris Publications Holland. 1981].

[153] Cinque, G. 1993. "A Null Theory of Phrase and Compound Stress." *Linguistic Inquiry* 24 (2): 239 – 297.

[154] Cowan, Nelson. 2000. "The Magical Number 4 in Short Term Memory: A Reconsideration of Mental Storage Capacity." *Behavioral and Brain Sciences* 24: 87 – 185.

[155] Crystal, David. 2011. *A Dictionary of Linguistics and Phonetics*. 沈家煊译. 商务印书馆.

[156] Duanmu, San. 2007. *The Phonology of Standard Chinese*. 2nd edition. Oxford University Press.

[157] Downing, L. J. 2006. *Canonical Forms of Prosodic Morphology* (Vol. 12). Oxford University Press.

[158] Feng, Shengli. 1995. "Prosodic Structure and Prosodically Constrained Syntax in Chinese." PhD diss. , University of Pennsylvania.

[159] Feng, Shengli. 2009. "Monosyllabicity and Disyllabicity in Chinese Prosodic Morphology." *Macao Journal of Linguistics* 1: 4 – 19.

[160] Fujisaki, H. 1997. "Prosody, Models, and Spontaneous Speech." In *Computing Prosody*, pp. 27 – 42. Springer.

[161] Giorgio, Francesco Arcodia. 2007. "Chinese: A Language of Compound Words?" Università degli Studi di Pavia. In Selected Proceedings of the 5th Décembrettes: Morphology in Toulouse, edited by Montermini, Gilles Boyé & Nabil Hathout, pp. 79 – 90. Cascadilla Proceedings Project.

[162] Halle, M. & J. -R. Vergnaud. 1987. "Stress and the Cycle." *Language Inquiry* 18: 45 – 84.

[163] Halle, Morris & William Idsardi. 1995. "General Properties of Stress and Metrical Structure." In *Handbook of phonological theory*, edited by J. Goldsmith, pp. 403 – 443. Blackwell.

[164] Hayes, Bruce. 1980. "A Metrical Theory of Stress Rules." PhD diss. , MIT.

[165] Hayes, Bruce. 1985. "Iambic and Trochaic Rhythm in Stress Rules." In Proceedings of the Thirteenth Meeting of the Berkeley Linguistics Society, edited by M. Niepokuj et. al. Berkeley, CA.

[166] Hayes, Bruce. 1987. "A Revised Parametric Metrical Theory." In Proceedings of NELS 17, edited by J. McDonough and B. Plunkett. Graduate Linguistic Student Association, University of Massachusetts, Amherst.

[167] Hayes, Bruce. 1995. *Metrical Stress Theory: Principles and Case Studies*. University of Chicago Press.

[168] Hopper, Paul J. & Elizabeth C. Traugott. 2003. *Grammaticalization*. 2nd edition. Cambridge University Press.

[169] Huang, C. T. James. 1984. "Phrase Structure, Lexical Integrity, and Chinese Compounds." *Journal of the Chinese Language*

Teachers Association 19: 53 – 78.

[170] Huang, C. T. James. 1997. "Lexical Structure and Syntactic Projection. " *Journal of Chinese Languages and Linguistics* 3: 45 – 89.

[171] Jamal, Ouhalla. 2001. *Introducing Transformational Grammar: From Principles and Parameters to Minimalism.* Second edition. Edward Arnold Publisher. 外语教学与研究出版社.

[172] Kayne, R. 1994. *The Anti-Symmetry of Syntax.* The MIT Press.

[173] Kroch, Anthony S. & Joshi, Aravind K. 1985. "The Linguistic Relevance of Tree Adjoining Grammar. " *Technical Reports* (*CIS*). Paper 671, University of Pennsylvania, Scholarly Commons, Department of Computer & Information Science.

[174] Langacker, R. 1977. "Syntactic Reanalysis. " In *Mechanisms of Syntactic Change*, edited by C. N. Li. University of Texas Press.

[175] Lehiste, Ilse. 1970. *Suprasegmentals.* The MIT Press.

[176] Liberman, M. 1975. "The Intonational System of English. " PhD diss. , MIT.

[177] Liberman, M. & Prince A. 1977. "On Stress and Linguistic Rhythm. " *Linguistic Inquiry* 8: 199 – 286.

[178] Lin, Hua. 2001. *A Grammar of Mandarin Chinese.* Lincom Europa.

[179] McCarthy, John & Alan Prince. 1986. "Prosodic Morphology. " MS. , Univ. of Massachusetts and Brandeis.

[180] McCarthy, John & Alan Prince. 1990a. "Foot and Word in Prosodic Morphology: The Arabic Broken Plurals. " *Natural Language and Linguistic Theory* 8: 209 – 282.

[181] McCarthy, John & Alan Prince, 1990b. "Prosodic Morphology

and Templatic Morphology. " In *Perspectives on Arabic Linguistics*: *Papers from the Second Symposiumin*, edited by M. Eid & J. McCarthy. Benjamins, Amsterdam.

[182] McCarthy, John & Alan Prince. 1991a. "Prosodic Minimality. " Lecture presented at Univ. of Illinois Conference, The Organization of Phonology.

[183] McCarthy, John & Alan Prince. 1991b. "Linguistics 240: Prosodic Morphology. " Lectures and Handouts from 1991 LSA Linguistic Institute Course, University of California, Santa Cruz.

[184] McCarthy, John J. 1993. "Template Form in Prosodic Morphology. " *Linguistics Department Faculty Publication Series*. Paper 82. http://scholarworks. umass. edu/linguist_faculty_pubs/82.

[185] McCarthy, John J. & Alan Prince. 2007. "Prosodic Morphology. " In *The Handbook of Morphology*, edited by Andrew Spencer and Arnold M. Zwicky, pp. 283 – 305. Peking University Press.

[186] Poser, W. J. 1990. "Evidence for Foot Structure in Japanese. " *Language* 66 (1): 78 – 105.

[187] Shih, Chilin. 1986. "The Prosodic Domain of Tone Sandhi in Chinese. " PhD diss. , University of California.

[188] Sjoblom, Todd. 1980. "Coordination. " PhD diss. , MIT.

[189] Selkirk, Elisabeth O. 1984. *Phonology and Syntax*. The MIT Press.

[190] Třísková, Hana （廖敏）. 2019. "Is the Glass Half-Full, or Half-Empty? The Alternative Concept of Stress in Mandarin Chinese. "《韵律语法研究》（第四辑）. 北京语言大学出版社.

[191] Vieri, Samek-Lodovici. 2005. "Prosody-Syntax Interactions in the Expression of Focus. " *Natural Language and Linguistic Theory* 23: 687 – 755.

[192] Woodbury, Anthony. 1987. "Meaningful Phonological Processes: A Consideration of Central Alaskan Yupik Eskimo Posody." *Language* 63: 685 – 740.

[193] Zwicky, Arnold M. 1969. "Phonological Constraints in Syntactic Descriptions." *Papers in Linguistics* 1(3): 411 – 463.

[194] Zwicky, Arnold M. & Pullum, Geoffrey K. 1986. "The Principle of Phonology-Free Syntax: Introductory Remarks." OSU Working Papers in Linguistics 32: 63 – 91.

[195] Zubizarreta, Maria Luisa. 1998. *Prosody, Focus, and Word Order*. The MIT Press.

后 记

本书以笔者 2015 年 8 月的博士学位论文为底稿，除第六章为重新撰写外，其余部分仅稍加修订。在书稿即将付梓之际，我首先应该感谢我的导师冯胜利先生。至今无法忘记初入门时先生在我的作业上留下的密密麻麻的修改字迹，也无法忘记他严厉的目光，更无法忘记他偶尔的夸奖和赞誉如何让我喜不自禁。他对我的影响不唯是学术知识和方法层面的，更多的是精神层面的润物细无声的感染和鼓励，没有先生四年来像灯塔一样的指引和照耀，我无法如此深刻地感受到探索真知的艰难和收获新知的快乐！

我还应该感谢曾经给我帮助的语言学前辈学者。不能忘记王洪君老师在回信里仔仔细细反复解答我的疑惑，不能忘记端木三老师认认真真一个一个解答我的问题。感谢张博老师、董秀芳老师、孙德金老师、施春宏老师、张赪老师对我博士学位论文写作提出的中肯建议。感谢同门王丽娟博士、邱金萍博士、褚智欣博士、黄梅博士、骆健飞博士、张又文博士、索潇萧博士及庄会彬教授、裴雨来教授等对我学业与研究的帮助。

其次，我应该感谢我的父母贾进达先生和董金梅女士，如果没有他们毫无怨言地帮我处理家务，照顾孩子，我既不可能参加博士生考试，更不可能长时间专心进行写作。我也要感谢晓华，感谢他一次次和我共同分担学术跋涉中的艰难。正是他的不断激励和启发，促使我的生命体验不断走向深广。

最后，我应该为自己的坚持和努力鼓掌。作为一个身兼母亲、妻子、女儿、教师、博士生多重角色的女性，我深感当代女性周旋奔波于多重角色之间的疲惫和不易，没有一点执着和韧性是很难坚持下去的。感谢幼子对我的理解和配合。

感谢社会科学文献出版社刘荣、李月明等编辑几个月来严谨、专业、高效的工作，使这本小书能够如期付梓。

贾林华

2022 年 10 月 10 日于北京